謝耀亭、秦豔蘭 著

從一方諸侯到稱霸中原，
晉國史詩磅礡鉅獻

國興衰六百年

驪姬之亂×重耳流亡×趙氏孤兒
晉國也只是人類歷史長河中的一瞬
這一瞬長達六百多年

晉國是西周王朝的作品，是周武王和邑姜之子唐叔虞的作品，是表裡山河的晉南的作品，是晚商唐國
夏民和戎狄的作品，是歷史學家和考古學家的作品，一部晉國史就是兩周王朝歷史的縮影。

目錄

3

目錄

【 西周時期的晉國 】

目錄

6

前言

　　歷史肯定不是也不可能是人類過去的全部紀錄。歷史文獻記載儘管大多是王侯將相的家族史，但從某種意義上來說，那也是合理的，至少那是當時的大事，現在媒體上的新聞與大事仍然與此相類。歷史關注市井小民的生活也是應該的，但老百姓的生活總是在這些所謂的新聞大事的背景與影響之下存在，即所謂的社會大氣候、大環境。歷代關注民生，實際上仍然是關注政治的問題。過去的歷史證明，當時也未必就不關注載舟覆舟的老百姓的生活，只不過在流傳下來的文獻記載中落墨太少了一些，與今天多媒體時代相比，其實是不難理解的。

　　考古的初興是貴族出於好奇，好奇而產生興趣，由此而激發了他們對地下殘留的人類的跡象和物品的挖掘。這些挖掘不僅能夠展現王朝貴族的生活場景，也能夠再現當時普通老百姓的真實生活，由此大大豐富了人類對於歷史的知識，一定程度上滿足了人類想探知過去的欲望。但這並非全部的歷史，充其量不過是歷史的鳳毛麟角罷了，其餘太多發生過的故事都被淹沒在時間和空間的塵埃中，永不可知……

　　英國考古學家皮戈特（Edward Pigott）曾說，考古學是一門研究垃圾的學科，從考古遺址的發掘來說，確實如此。著名考古學家張忠培先生一再強調考古學的四維關係，即時、空、物和人的關係，這是考古學研究的基礎，只有把這些基本內容釐清，才能進行深入的研究。一件器物，無論其藝術價值有多高，如果脫離了這四維定位，就喪失了很多歷史價值和科學價值，那一切研究都只能是雲山霧罩的虛空。

蘇秉琦先生在研究侯馬上馬墓地出土的陶鬲

　　晉國也只是人類歷史長河中的一瞬，這一瞬長達六百多年。晉國是西周王朝的作品，是周武王和邑姜之子唐叔虞的作品，是表裡山河的晉南的作品，是晚商唐國夏民和戎狄的作品，是歷史學家和考古學家的作品，一部晉國史就是兩周王朝歷史的縮影。

　　晉國在歷史上曾經占據著非常重要的地位，史書中曾說「周卑，晉繼之」，蘇秉琦先生的詩說得好：「華山玫瑰燕山龍，大青山下斝與甕，汾河灣旁磬和鼓，夏商周及晉文公。」春秋時期，南楚北晉，東齊西秦，一代雄主晉文公的霸業持續時間最長，影響最大，韓、趙、魏三家分晉之後也乃戰國三雄。秦始皇統一六國後在文化上其實並沒有完全實現統一，所以在漢初形成了多姿多彩的地域文化，直到漢武帝時期才逐漸統一為漢文化。在漢代的基礎文化中，晉文化和三晉文化占有相當重要的地位。

概述

一提到晉國，人們首先想到的是山西，想到的是晉文公。晉國從最初的分封到最後被韓、趙、魏三家瓜分，持續了六個半世紀左右，期間發生的故事不計其數，為我們留下了寶貴的文化遺產。從周代政治史的角度來說，兩周時期的晉國史實際上就是一部縮略版的周代史。

筆者想從歷史脈絡和考古發現的角度總體地說說晉國，希望給讀者留下一個整體的印象。

晉國的分封是西周早期的哪一年，並沒有最後釐清，只知是周成王早期的事情，年代應在西元前一千年的五十年之內。筆者在《晉國文化探源》小冊子中將晉國歷史整體上劃分為三個階段，第一個階段是從叔虞封唐到晉侯緡被殺，期間共有十七位晉國國君（包括殤叔）當政，時當西周時期和春秋早期，具體年代下限為西元前六七八年，共三百餘年。這個階段是晉國大宗主政時期，都城由唐都鄂遷到晉都翼。

第二個階段從晉武公被立為諸侯，旁支奪宗後小宗變為大宗主政的時期。這個階段定都故絳，包括春秋中期的八十餘年，年代下限為西元前五八五年，期間共有八位晉國國君當政。第三個階段還是這個小宗的後裔主政，但都城遷到了新田（今侯馬西北部），都城的名字叫新絳，後期將晉君遷到侯馬鳳城古城，後來又遷到端氏、屯留，時當春秋中期的晚段、春秋晚期和戰國早期，年代下限為西元前三七六年，此後「晉絕不祀」，這個階段共兩百餘年，共有十三位晉國國君當政。這三個階段可以分別叫做晉國早期、中期和晚期，前後共計三十八位國君。

晉國早期的歷史事件主要有叔虞封唐、燮父徙晉、穆侯征戰、文侯勤王、曲沃代翼等。考古發現主要有曲沃縣的天馬—曲村遺址、北趙晉侯墓地、羊舌晉侯墓地、曲村墓地、聞喜縣上郭古城和墓地等。

唐的都城鄂地並沒有著落，晉都翼雖在天馬—曲村遺址，目前在北趙晉

侯墓地南邊也找到一些跡象，但古城城垣尚未完全發現。晉國中期的主要歷史事件有士蒍城絳、武獻擴張、驪姬之亂、重耳流亡、惠公被俘、文公稱霸、靈公被殺等。考古上目前還沒有發現或確認故絳都城遺址，也沒有發現晉國國君夫婦的墓地，但發現了上馬墓地等一些貴族和平民的墓葬，並發現了子犯編鐘，這一階段的發現較少。晉國晚期的主要歷史事件有景公遷都、下宮之役、厲公被殺、悼公復霸、平公奢侈、定公失霸、侈卿兼併、三家分晉、晉國滅亡。考古發現主要有侯馬晉國都城遺址、侯馬盟書、太原電廠趙卿墓及趙氏墓地、長子縣鮑店晉公墓地、長治分水嶺墓地、萬榮廟前墓地等等。這一階段發現了晉國都城，但大多數晉公的墓葬還沒有發現。

晉國歷史，特別是晉國早期歷史，文獻記載極少，很多問題需要透過考古學來解決。晉國考古工作雖然自一九五〇年代就已開始，但考古學上晉文化的概念較晚提出，所知最早是由鄒衡先生在一九八二年提出的。數十年來，晉文化考古雖然成果豐碩，但沒有解決的問題還有很多很多，這一方面需要採用新的科學技術，使不斷湧現的新發現來提供更多的資訊，另一方面，更重要的是需要對以往的資料進行深入綜合的系統研究，同時需要把歷史學、古文字學和考古學等相關研究系統地結合起來，只有這樣，才能將晉國的歷史和文化研究工作做得越來越好。

六百多年的晉國早已成為歷史，這段歷史也早已成為中華民族優秀傳統文化的必要組成部分，它像血液一樣流淌在每一個中國人的血管中，它的營養浸潤在每一個中國人的靈魂中……

【叔虞封唐】

【叔虞封唐】

西元前一千年，中國歷史上經歷了一場王朝大戰，即牧野之戰（牧野在商都朝歌附近，相當於今天的市郊），周武王率領多國軍隊跑到人家商王朝的家門口打了這場大戰，最後以商紂王的失敗自焚而告終，周武王擁有了商王朝的江山、寶器和後宮佳麗。關於武王克商的準確紀年，夏商周斷代工程專家組最後確定為西元前一○四六年，但這個問題並沒有完全解決，目前仍然存在很大的爭議。

滅商之後，周武王面臨的第一件事情就是對原來屬於商王朝的諸侯或與商王朝有著聯盟關係的國族如何處置的問題，重新冊封似乎勢在必行。當時在晉南有個唐國，原來是商王朝的諸侯，現在商王朝被滅，它也不得不歸順新主，聽命於周，周武王也象徵性地給它頒爵授位，國號、族名、封域和統治集團都沒有改變，原屬商王朝的唐國一變而成為周王朝的唐國，頗有點「識時務者為俊傑」的味道。

即使唐國不情願，但歷史的洪流遠非這個區區小國可以阻擋，商紂王自焚，其子武庚被冊封，紂之兄弟也都歸順的歸順，流亡的流亡，「樹倒猢猻散」，唐國還能怎麼辦呢？

傳世的商代晚期先鼎銘文

過去我們只知道周成王分封叔虞到唐國，其實在此之前，唐國早已歸順了西周王朝，並且保留了原班人馬。但這個唐國國君卻在武庚之亂時犯了一個致命的錯誤，誤判了形勢，文獻記載「唐有亂」，結果招致周公的征伐，這個唐國國君應該是被殺了頭，落了一個可悲的下場。

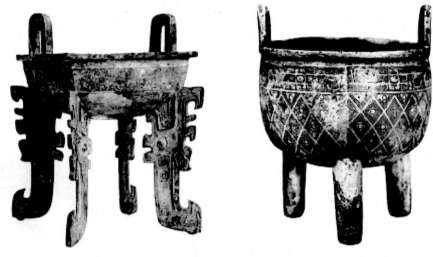

傳世的商代晚期先鼎

傳世的商代晚期先鼎銘文拓片

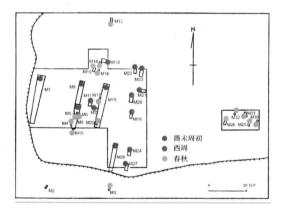

浮山縣橋北墓地墓葬分布平面圖

浮山縣橋北墓地商代晚期大墓墓室

浮山縣橋北墓地商代晚期大墓墓道隨葬車馬

浮山縣橋北墓地商代晚期大墓墓道

唐地七說有早晚

　　唐國在商代甲骨文中就有記載，而且它與先國、賈國為鄰，陝西省的周原遺址曾發現「唐」、「先」同版的甲骨文。先、賈都是晚商時期的諸侯，先國的銅器光傳世的就有不少。二〇〇四年在浮山縣北王鄉的橋北村西南發現了一個商末到春秋的墓地，之後山西省考古研究所在這裡進行了搶救性勘探與發掘，發掘了幾座商代晚期帶墓道的大墓和數十座小墓。這些大墓的命運都很悲慘，幾乎被盜掘一空，但從它們帶有較長而寬大的墓道，並殉葬了很多人和動物來看，墓主的級別相當於侯、伯一類的高級貴族。被追繳回來的多件青銅器上有「先」字銘文，確切無疑地證實了先國就在浮山縣橋北村一帶，同時期的生活居住遺址位於墓地的南面，這裡海拔八百多公尺。浮山縣位於臨汾盆地東緣，太岳山南麓，境內主要為丘陵山地，先國就在這裡。賈國距離唐國也不遠。在曲沃縣北趙晉侯墓地六十三號墓中曾出土過一件文王玉環，上面刻有文字「文王卜曰：我罕唐人弘戰賈人」，意思就是：文王占卜說，我聯合唐人與賈人大戰，如何？在今天的襄汾縣西北有西賈、南賈、北賈、賈罕村等地名，臨汾市堯都區也有賈得鄉，相傳賈國就在這一帶。唐國應該在先和賈這兩個國家的附近，但是到目前為止，所有的考古發現並不能確定唐在今天哪個地方。

1. 浮山縣橋北墓地商代晚期銅觚 ；2. 浮山縣橋北墓地商代晚期銅觚
3. 浮山縣橋北墓地商代晚期銅觚局部 ；4. 浮山縣橋北墓地商代晚期銅觚局部
5. 浮山縣橋北墓地商代晚期銅觚銘文 ；6. 浮山縣橋北墓地商代晚期銅觚銘文

　　根據文獻記載，唐地至少有七種說法，最早的說法是漢代的太原晉陽說
和汾澮之間說，後來到南北朝時期增加了臨汾平陽說、霍州永安說和夏縣安
邑說，到了唐代又出現了翼城說和鄉寧昌寧說等等，似乎都有一些道理，但
大多沒有真憑實據，僅憑文獻記載和傳說附會演繹，以訛傳訛，「假作真時
真亦假，無為有處有還無」。特別是太原晉陽說，在歷史文獻記載中時代最
早，傳說最多，影響最大，到目前為止，仍然有很多學者和民間人士深信不
疑，主要原因是太原有晉祠、晉水、晉陽和傳說的唐叔虞墓等等，但這些都
是靠不住的證據，不僅因為太原當時為戎狄所占據，而且在曲沃縣曲村鎮北
趙村南發現了規模較大、時代最早的晉侯墓地，幾乎從根本上否定了唐地在

太原的說法。但是唯一美中不足的是，目前唐叔虞的大墓並未發現，唐文化的中心遺址也無著落。

浮山縣橋北墓地出土的商代晚期銅罍

浮山縣橋北墓地出土的商代晚期銅罍局部

曲沃縣北趙晉侯墓地出土的文王玉環

浮山縣橋北遺址出土的商代晚期陶鬲

以前傳說在晉祠一帶的唐叔虞墓，一九七〇年代經山西省考古研究所發掘，證實那個土堆根本就不是墓葬，何談唐叔虞墓？太原所謂的晉水、晉陽等等這些名詞，甚至「太原」一詞，原本都在晉南，隨著趙簡子在晉陽建立封地采邑，除了晉祠是漢代以後興建的以外，這些名詞都一併被搬遷複製

到這個新開拓的地區中。後世史家和注釋家不明就裡，以訛傳訛，把故事講得越來越動聽，唐在太原之說竟然傳了兩千多年，至今仍然在人們的心目中有著深深的烙印，難以動搖。唐的都城名字叫鄂，這在文獻上是有明確記載的。

傳世的商代晚期唐子祖乙爵銘文拓片

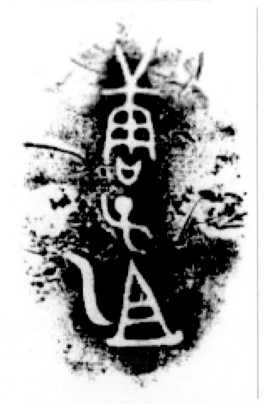

傳世的商代晚期唐子祖乙觶銘文拓片

（上）傳世的西周早期疏公簋；（下左）傳世的西周早期疏公簋銘文摹本；
（下中）傳世的西周早期疏公簋銘文拓片；（下右）傳世的西周早期疏公簋銘文

　　春秋早期，晉國的那位國君晉侯郤因為被曲沃一支武力所逼，跑到隨地
去躲藏，其子晉哀侯即位，後來晉侯郤被國人從隨地接納到鄂地，直到終
老，因此稱為晉鄂侯。雖然今鄉寧縣有鄂河和關於鄂的許多傳說，但鄂並不
在今天的鄉寧縣一帶。到目前為止，在鄉寧縣並未發現一處商代晚期和西周
時期的遺址；再從地理位置上來看，鄉寧縣也不在司馬遷所謂的「河、汾之
東」，唐在鄉寧這個山區縣域中怎麼都講不通。鄉寧境內鄂河也可能是後來
傳說的層累疊加或另有所本，這裡的鄂與唐都的鄂肯定也是不同的地方。

19

唐地歸宿在哪裡

　　那麼唐地究竟在哪裡呢？到目前為止，已在絳縣橫水鎮以北發現了倗國西周墓地，在翼城縣大河口村北發現了霸國西周墓地，在浮山縣橋北村西南發現了先國商末周初的遺址和墓地，這就從地理位置上基本排除了唐在天馬－曲村遺址南邊和東部山地的可能性。天馬－曲村遺址西邊不遠就是汾河，司馬遷的《史記 - 晉世家》明文記載唐在「河、汾之東，方百里」，也就是說唐在黃河的支流汾河以東，面積百里見方，汾河以西被排除在外了。那麼以曲沃縣的天馬－曲村這個早期晉國的中心遺址來推斷，唐地只能在其北邊的襄汾、臨汾一帶，甚至可以去更北邊的洪洞縣探尋。甲骨文中記載有唐這個國家。在傳世金文著錄書和光緒版《山西通志》中著錄了三件傳世的商代晚期的青銅器「唐子祖乙」爵和一件「唐子祖乙」觶，它們可能是舊唐國國君的酒器。有關「河、汾之東」，有人就說，既然說了汾之東，就沒有必要再說河之東了，司馬遷怎麼這麼囉嗦呢？難道汾河不在黃河的東面嗎？其實司馬遷的意思是說唐在黃河的支流汾河的東面，單獨說汾之東，恐怕很多人不知道這個汾是哪一條河流，容易引起歧義，這樣說就更具體一些。即便這樣，班固在《漢書 - 地理志》晉陽條中，還把汾河以西的晉陽作為唐的始封地來看待，引起許多誤會，如果司馬遷地下有知，他老人家也實在是無語了。

　　不管怎麼說，目前唐地的具體位置還沒有被確定。

　　二〇〇四年在香港文物收藏家處發現了一件青銅器 —— 疏公盨，銘文中有「王令唐伯侯於晉」的語句，反映出燮父徙晉是經過周王冊命的。但是為什麼要遷都到晉地呢？我們推測，可能當時唐地使晉國的發展受到了制約，晉地作為都城更適合一些。我認為襄汾縣陶寺遺址周圍的西周遺址倒是應該引起足夠的重視，也許它們可能與唐都所在的鄂地有關，只是還需要做進一步的考古調查和發掘工作才能確定。

桐葉封弟是傳說

　　周武王伐紂，滅亡商王朝之後，冊封商朝的屬國，實行的是柔遠能邇的綏靖安撫之策，以穩定統治大局。不久，周武王辭世，其子周成王即位。

　　當時成王的叔父周公旦輔佐年幼的成王，引起了同是叔父的管叔、蔡叔、霍叔等的嫉妒和猜忌，於是懷恨在心的商紂王的兒子武庚祿父，就夥同武王分封的監國管叔、蔡叔和霍叔，聯合了淮夷、徐戎諸國叛亂，想捲土重來，東山再起。不得已，周公率大軍東征三年，平定了這次叛亂。在這種混亂的形勢下，唐侯誤判形勢，也起兵作亂，被周公一舉消滅。滅了舊唐國，周成王把唐國頑劣的豪強貴族和一部分其他人遷徙到別的地方，自然也要派人鎮守這個中原和北方的門戶之地，因此就把唐叔虞分封到這裡。叔虞是武王的兒子，成王的弟弟。為何要稱唐叔虞？古代滅國，大多數仍保留其社稷祭祀和國號，甚至將其子孫遷封他地，但不趕盡殺絕，多少還有一些人道。譬如周滅商，還保留商的亳社，並對紂王的兒子武庚和其他一些大臣進行了冊封，商紂王的異母兄微子就被封到宋國，還把其他的殷遺民遷到洛邑、豐鎬和周原等地，便於監管，一部分殷遺民分給諸侯，如魯國、衛國等許多國家。唐也一樣，國號沒有變，分封叔虞續守其祭祀，將一部分唐遺民遷到今陝西省西安市的杜地，一部分遷徙到今湖北漢水以東的唐地。關於唐叔虞的冊封，司馬遷的《史記－晉世家》中演繹了一個生動的故事，說是年幼的成王和他的弟弟叔虞在一起玩耍，成王削了一片桐樹葉子給叔虞，說拿這個東西封你，正好被在場的史官記錄下來，成王說我倆在開玩笑呢，史官說「天子無戲言」，周成王無奈，因此就將叔虞封到了唐地。這顯然是一個民間的傳說故事，並不可信，其實所削桐葉的「桐」字與「唐」字在西周時發音和字形是很相近的，原來的故事應是消滅唐或剪滅唐以封叔虞，到了漢代就誤解為削桐或剪桐，把唐演繹成了桐樹葉子。這個有腳本的民間傳說故事，被司馬遷堂而皇之地寫進史書，可見到了西漢司馬遷的時候，對於西周初年的

事情已經是相當陌生了,以至於到今天還有很多人相信史聖司馬遷所記述的這個膾炙人口的故事,把唐叔虞的冊封說成是兒戲,其實這完全是一場誤會。

兩個唐叔虞？

在晉國史研究中,有人說當初可能存在兩個唐叔虞,一個是故唐國的末代國君唐叔虞,一個是周成王冊封的唐叔虞。《左傳‧昭公元年》記載:

「晉侯有疾,鄭伯使公孫僑如晉聘,且問疾。叔向問焉,曰:『寡君之疾病,卜人曰「實沈、臺駘為祟」,史莫之知,敢問此何神也?』子產曰:『昔高辛氏有二子,伯曰閼伯,季曰實沈……遷實沈於大夏,主參。唐人是因,以服事夏、商。其季世曰唐叔虞。當武王邑姜方震大叔,夢帝謂己:「余命而子曰虞,將與之唐,屬諸參,而蕃育其子孫。」及生,有文在其手,曰「虞」,遂以命之。及成王滅唐而封大叔焉,故參為晉星』。」這就是有人所謂兩個唐叔虞的原始出處。這裡說的是唐國的末代國君是唐叔虞,這個唐叔虞就是周成王滅唐而分封的大叔唐叔虞。《史記‧鄭世家》記載:「而周武王克紂後,成王封叔虞於唐。」《索隱》:「唐者,古國,堯之後,其君曰叔虞。何以知然者?據此系家下文云「唐人之季代曰唐叔虞。當武王邑姜方動大叔,夢天命而子曰虞,與之唐。及生,有文在手曰「虞」,遂以名之。及成王滅唐而國太叔,故因以稱唐叔虞』。杜預亦曰『取唐君之名是也』」。這裡顯然是對文獻記載的誤解,我們知道,古代滅國一般不絕其祭祀,還沿用舊國號。以此看來,文獻上之所以記述有「夢帝謂己:『余命而子曰虞,將與之唐,屬諸參,而蕃育其子孫。』及生,有文在其手,曰『虞』,遂以命之」等等,顯然是要說明這種分封是天命神授,為其得國繼位的合法性尋找依據。其實在其他封國也有這樣的例子,如宋武公生仲子,仲子生而有文在其手,曰「為魯夫人」,故仲子歸於魯。又如魯成季生,有

文在其手日「友」，遂以命之。再如周昭王的小兒子，生下來有文在其手日「閻」，遂封於閻城。因此我認為不可能也沒有必要有兩個唐叔虞，所謂的「其季世日唐叔虞」，指的就是封到唐地的周成王的弟弟唐叔虞，這個唐叔虞就是唐國的最後一代國君，西晉杜預的解釋是對《左傳》原文的誤解，唐代司馬貞的《索隱》不過是因循守舊而已。

唐叔虞是武王的兒子還是弟弟

唐叔虞是武王的兒子還是武王的弟弟，其實是存在很大爭議的。按照《史記》等文獻的記載，他是武王的兒子，成王的弟弟。但在傳世的青銅器中，有一件春秋中期的晉公，銘文中有「晉公日：我皇祖唐公，膺受大令，左右武王，□□百蠻」的語句，另外在《國語‧晉語八》中有「昔吾先君唐叔射兕於徒林……以封於晉」的記載，可知唐叔虞在分封前已經成人，並且有赫赫戰功，並非年幼小兒。可是周成王卻因年幼，周公攝政輔佐七年，如果唐叔虞是成王的弟弟，則年齡更小，何以能夠左右武王，擔當封唐治國、藩屏周王室的大任？到底我們應該相信文獻還是相信青銅器銘文呢？唐叔虞在文獻記載中既是武王妻子邑姜的兒子，那肯定不是庶長子。面對這種不可調和的矛盾，有些學者解釋說晉公的記載可能是數百年後的晉國國君的記憶錯誤或溢美之詞。但這種解釋顯然是蒼白無力、十分勉強的。今本《竹書紀年》記載，「十年，王命唐叔虞為侯」，即周成王十年，分封唐叔虞到唐國，那麼這時成王已經親自總理大政，叔虞也不再是小孩子了，但即便這樣，尚不能解釋前面提到的「晉公」上銘文「左右武王」的矛盾。在目前還不能確定真相的情況下，我們暫且以唐叔虞是武王兒子、成王弟弟的說法為準。

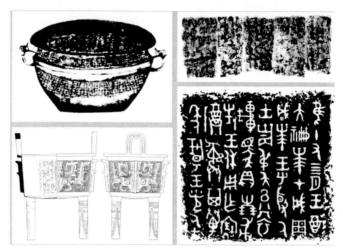

（左上）傳世的春秋晉公盆拓片；（右上）傳世的春秋晉公盆銘文拓片；
（左下）曲沃縣北趙晉侯墓地 M114 出土叔夨方鼎圖；
（右下）曲沃縣北趙晉侯墓地 M114 出土叔夨方鼎銘文

　　《大戴禮記‧公符》記載：「成王冠，周公使祝雍祝王日：『達而勿多也。』」古代天子、諸侯行冠禮一般在十二歲到十五歲之間，可見周成王即位的時候年齡確實不大，即使我們相信周成王十年分封唐叔虞的說法，那時唐叔虞的年齡也不過二十歲左右。

　　到目前為止，唐叔虞的墓還沒有發現，唐的國都鄂在哪裡，唐文化內容是什麼，都不清楚，但是在曲沃縣北趙晉侯墓地年代最早的一座墓葬（M114）中發現了一件方鼎，鼎內壁鑄造有一篇銘文，其中有「叔夨」二字，很多學者認為這兩個字就是「叔虞」，因此這件鼎被稱為叔虞方鼎，這件器物被埋葬在唐叔虞兒子爕父的墓葬中。

唐叔虞的排行

　　唐叔虞是周武王和邑姜的兒子，成王的弟弟，「叔」字是什麼意思呢？後來注疏家多解釋為叔虞是周武王的三兒子，有人說是排行。這個不錯，但它不是所謂伯、仲、叔、季的老大、老二、老三、老四的意思，也就是說唐

叔虞排行不一定是老三，究竟是排行第幾，我們不知道，但我們知道老大肯定是周成王誦，即所謂的伯，就是嫡長子。這個「叔」

應該解釋為是嫡長子以下眾子的泛稱，即嫡長子的所有弟弟都可以稱叔，如管叔、蔡叔、霍叔、衛康叔，又如晉國的曲沃桓叔、殤叔等等。因為當時實行的是一夫一妻多妾制，子女眾多，僅僅用伯、仲、叔、季，無論如何也是排不過來的，就像今天我們稱呼叔叔一樣，並沒有特指就是排行老三的意思。另外，我們知道，老大不僅可以稱伯，也可以稱孟，這又是怎麼回事？按照古人的說法，「嫡長稱伯，庶長稱孟」，也就是說，嫡長子可以稱伯，庶長子則只能稱孟。所謂的嫡，指的是其母親為妻，是嫡夫人，生的長子稱伯；庶指的是其母親是庶妻，即妾，生的長子稱孟。兩者有著嚴格的界限。在絳縣橫水西周墓地出土的青銅器銘文中即有「倗孟」，以下的仲、叔、季則是相同的。也就是說，伯、仲、叔、季中的伯一般是指嫡長子，仲一般是指老二，季一般是指最小的子女，其他子女似乎都可以稱叔。

絳縣橫水墓地 M2113 出土的西周銅簋

絳縣橫水墓地 M2113 出土的西周銅簋銘文

堯唐與叔虞唐是不是一個唐

我們知道，唐人是晚商時期就居住在晉南古唐國的土著居民，可能是由多個姓氏的家族組成的，其中有祁姓范氏、嬴姓趙氏等等。透過考古研究，可以明確唐人墓主的葬式是以仰身直肢為主，他們的墓葬方向一般是東西向，頭一般朝向東，商代晚期，他們可能使用安陽殷墟樣式的陶器和青銅器，也使用具有本地特色的陶器，如高領陶鬲等等，除此以外，我們對唐文化的內容可以說一無所知。

文獻記載說晚商的這個唐國，與原始社會部落首領堯的唐國有關。我們知道，文獻記載傳說堯都平陽，近年來研究者大多認為襄汾縣的陶寺遺址就是唐堯所建都的平陽。這個遺址規模大，有古城，面積達到兩百八十萬平方公尺，發現有早中期大墓和數量眾多的中小墓葬，隨葬豪華的禮樂器，還發現了祭祀觀象臺遺址以及宮殿區、手工業作坊區等等。遺物中以玉器、漆木器、陶器、紅銅器、大石磬等最具代表性，年代為龍山時代到夏代早期，延續數百年。但堯都唐這個問題其實比較複雜，一是關於唐堯的傳說地極多，例如有學者說河北唐縣是堯的始封地，後來堯遷徙到晉陽一帶，晉陽的傳說也很興盛，再後來才遷到平陽。另外在山西的清徐、霍州、翼城、臨汾、永濟以及山東日照等地，也都有堯王城或唐地的傳說。二是陶寺遺址三期所跨年代達到數百年，遠不是一代堯都可以涵納的，於是又把舜拉了進來，可能年代還是湊不齊，況且堯和舜部族是不是同一文化系統也未可知。三是在傳世文獻中帝堯與陶唐氏的關係問題，很多學者認為堯是陶唐氏的傳說並不可靠，最早把兩者捏合在一起的是戰國後期成書的《世本》，在此以前堯和陶唐氏並沒有關係。目前並沒有任何直接的證據能說明陶寺遺址就是堯都唐，僅僅憑不見得可靠的傳說與考古發現來對號入座，嚴謹的學者一般都會持謹慎的態度。至於堯唐與商代晚期的唐是否為同一件事，我們知道，傳說中的堯，是原始社會新石器時代晚期的事情，而商代晚期的唐與之相差了一千年

左右，這一千年間唐這個國家是否一直存在都很難說。晉國晚期的范宣子在追述其祖先時說，「昔匃之祖，自虞以上為陶唐氏，在夏為御龍氏，在商為豕韋氏，在周為唐杜氏」，他並沒有說堯唐與周唐之間存在必然的聯繫。至於說晚商的唐國與後來的那些唐，特別是唐朝的唐之間又是什麼關係，是不是李氏父子由晉陽的唐而稱其國號，那是更需要進一步研究的事情了。

曲沃縣北趙晉侯墓地出土的西周銅晉姜簋

曲沃縣北趙晉侯墓地出土的西周銅晉姜簋銘文

右玉縣商代晚期銅簋

商代晚期晉南有沒有人居住

　　商末周初，晉南地區有很多國族是公認的事實，像虞、芮、魏、駘、艾、黎、宣、賈、霍、先、丕、唐等等，至遲在商代晚期就存在於晉南。

1. 呂梁山區出土的商代晚期銅短劍；2. 呂梁山區出土的商代晚期管銎銅斧
3. 呂梁山區出土的商代晚期銅鉞；4. 呂梁山區出土的商代晚期銅刀
5. 呂梁山區出土的商代晚期銅胄；6. 呂梁山區出土的商代晚期銅鼎

　　目前雖然在山西發現了一些商代晚期的遺址和墓葬，但比較稀少，著名的遺址有柳林縣的高紅遺址。呂梁山區曾發現大量商代晚期的青銅器，這些青銅器在石樓縣、柳林縣、吉縣、鄉寧縣、保德縣、忻州市、靈石縣、右玉縣等地都有發現，以石樓縣最多。這些青銅器大多都是百姓在進行農業生產活動時發現的，實際上它們大都應該是墓葬的隨葬品，這在保德縣、吉縣和鄉寧縣發現的商代晚期墓葬中已經得到證實，但是與之相關的遺址多年來一直沒有發現。二〇〇四年，在柳林縣高紅村的一個山頂上（柿棗垣）發現了一處商代晚期的夯土建築基址，後來被評為全中國十大考古新發現之一。這

個遺址位於高出河床一百公尺的山頂上，發現了二十處建築基礎夯土，有一處規模特別大，長四十六點八公尺，寬十一公尺左右。這個遺址距當年在高紅發現青銅器的地點並不算遠，從這處遺址的性質和年代推斷，青銅器所屬的墓主應該就是當年生活在這個山頂上的貴族。可惜在當年發現青銅器的地方再也沒有找到其他墓葬的遺跡，使得這個規模宏大的中心聚落遺址的發現多少有些美中不足。

1. 靈石縣旌介墓地出土的銅簋；2. 靈石縣旌介墓地出土的銅卣；3. 靈石縣旌介墓地出土的銅觚

這些青銅器或遺址一般被視為商王朝統轄範圍之外的方國的遺存，這些方國有人認為就是甲骨文中記載較多的鬼方、土方或方等等。而在晉南地區發現的商代晚期的遺存卻很少，加起來也不超過十處，如洪洞縣永凝堡、臨汾市堯都區大蘇村、浮山縣橋北、曲沃縣八頃、運城市鹽湖區長江府、臨猗縣黃儀南村、聞喜縣邱家莊、垣曲縣古城東關遺址等等，而且大多數都不能說是遺址，僅僅發現了幾塊陶器的殘片。像洪洞縣永凝堡這樣的遺址，僅僅在遺址中採集到很少的商代晚期的陶片，或在西周墓葬的回填土中，有商代

晚期陶鬲的口沿殘片。其他幾處地點也大同小異，只有浮山縣北王鄉橋北村的橋北遺址發現了較多的商代晚期遺存，這裡有文化層的堆積，遺跡、遺物都很豐富，還發現了同一時期的大墓，可以確定這裡是先國的遺址。為什麼在晉南地區商代晚期就沒有留下什麼遺址呢？難道當時這裡不適宜於人類生存？但是山西的臨汾與河南的安陽大體在一個緯度線上，從氣候和水文等方面來看，似乎也不會有太大的差別，只是海拔不同而已。究竟是什麼原因導致了這種結果，目前還是一個未解之謎。有人猜測說晚商文化急遽收縮，這些地方或者為戎狄等少數民族占據。但即便是少數民族占據，也應該遺留下來一些遺跡或遺物吧？有人認為這裡當時森林茂密，湖泊眾多（晉南一帶商周時期有王澤、方澤、董澤、晉興澤、張楊澤、解池等多處湖泊），可能當時是商王的田獵區域。另有人認為這裡當時是商王朝和山區戎狄方國拉鋸戰的戰場。還有人認為這裡當時流行瘟疫或水患，不適宜人類生存，等等。這些猜測都沒有充分的依據，不能使人信服。在商代早期，晉南地區分布有很多遺址，說明這裡的自然環境還是適合人們居住和生存的，到了商代晚期，這種巨變，也許真的與商文化的急遽收縮以及商王朝與方國之間的戰爭有關。

晉南西周封國知多少

西周時期，晉南地區的文化面貌發生了很大的變化，呈現出一派人口稠密、繁榮興盛的局面。目前在晉南地區共發現了兩百多處西周的遺址和墓地，它們的規模大小不一，根據其面積，大體可以劃分為五個等級，其中面積最大的第一等級數量最少，面積最小的第五等級數量最多，五個等級像金字塔一樣，數量從第一等級到第五等級依次遞增。這說明當時若干個聚落遺址中有一個中心聚落遺址。它們的性質或有不同，有些是大國的都城遺址，有些是小國的都城遺址，有些就是一般的居住城邑，有些可能就是村落遺址。天馬－曲村遺址面積就比較大，顯然屬於都城遺址，具有都邑性質。在

這麼多的遺址或墓地中，我們可以明顯地看出，人們生活居住遺址的數量遠遠大於埋葬死者的墓地的數量，這說明目前還有很多墓地沒有被發現。

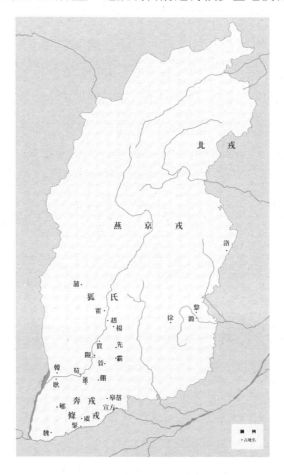

據文獻記載和考古發現來看，西周時期晉南地區有二十多個國家，像晉（唐）、霍、趙、楊、魏、芮、韓、耿、冀、隗（倗、霸或格、柤）、賈、先、荀、董、郇、柏、虞、虢等等，黎國在晉東南地區，實際上當時的數量應該還要多一些。西周時期的國家與我們現在理解的國家不是一個概念，像晉國這樣的大國，最初被冊封的時候，也不過區區「方百里」而已，其他的小國有方七十里、五十里、三十里甚至更小的。按照漢代的文獻《禮記‧王

制》篇的說法，當時西周王朝應該有一千七八百個國家，當然這個說法未必準確，但至少說明當時國族數量眾多。其實這個問題也不難理解。《尚書‧堯典》記載「稽古帝堯……協和萬邦」；據《左傳》說，當年大禹會諸侯於塗山時，執玉帛者萬國；《逸周書》記載商湯滅夏時，大會諸侯三千；到周武王伐紂時，會八百諸侯於孟津，這八百諸侯肯定不是商代末年的全部諸侯，還有大量商王朝的諸侯未參與會盟；春秋時期見於文獻記載的有一百多個國家，戰國時期僅有幾十個國家，直到秦始皇統一中國，才真正完成了從原始社會以來的第一次國族或族群集團的大統一。由此看來，從新石器時代晚期到西周時期，國族的數量（或者說族群集團的數量）──在逐漸減少，而其國族的規模在不斷擴大，這是中國歷史發展的一個大趨勢。周武王滅商後，除了分封自己的同姓兄弟、有功之臣、先聖王的後代以外，還要對商遺民和商統治下的諸侯進行冊封，這樣才能捋順上下級關係，才能落實稱臣納貢的制度。實際上，從原始社會以來的萬國林立到秦始皇統一中國，這個過程就是一個族群和文化不斷融合的過程，就是一個不斷兼併、逐漸走向統一的過程，更是一個文明程度不斷進化的過程。直到今天，人類的血統和文化仍然處於不斷融合進化的過程中，這也是自然規律和社會規律的一部分重要內容。

周滅商後，對商代晚期的那些國家大多進行了改造或重新分封，很多變成了姬姓國家，也有一部分被遷封或滅國。目前所知西周時期晉南地區有二十多個國家，令人不可思議的是，在臨汾和運城盆地發現的商代晚期考古遺存卻寥寥無幾，與文獻記載的國族數量很不相稱，這個問題迄今尚無明確可信的答案。考古發現的西周時期的遺存與文獻記載的國族數量相當，甚至遺存數量更多，因此我們可以推知，西周晉國雖是侯國，但「方百里」不是虛言。

據文獻記載，晉昭侯時「今晉，甸侯也」。《周禮‧夏官‧敘官》記載：「王六軍，大國三軍，次國二軍，小國一軍。」晉武公時晉國尚為一軍，分明是小國，以至春秋早期的西元前六七二年晉大夫郭偃還說「今晉國之方，

偏侯也。其土又小，大國在側」。

　　西元前六六一年，晉獻公始作二軍，國際形勢逼迫晉國需要進行大肆擴張。實際上當時很多國家都在進行領土擴張。據記載，秦穆公並國十二，開地千里；齊桓公並國三十五；晉獻公並國十七，服國三十八；楚莊王並國二十六，開地三千里等等。

　　西周時期在晉國周圍的很多小國家，到春秋早期都被晉國兼併，晉獻公時期，晉國基本上統一了今晉南地區臨汾、運城盆地，占有了富庶的農業地區，假虞伐虢、輔車相依、唇亡齒寒的典故，就發生在晉南這塊土地上。這裡有很多的姬姓國族，都是滅商以後新封的國家，之前它們並非姬周國族。

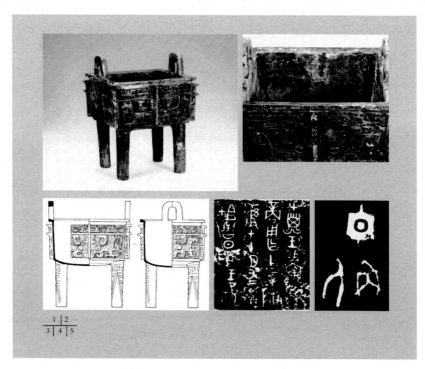

1. 曲沃縣曲村墓地 M6081 出土的商代晚期銅方鼎
2. 曲沃縣曲村墓地 M6081 出土的商代晚期銅方鼎銘文
3. 曲沃縣曲村墓地 M6081 出土的商代晚期銅方鼎圖
4. 曲沃縣曲村墓地 M6081 出土的銅方鼎內壁銘文拓片
5. 曲沃縣曲村墓地 M6081 出土的商代晚期銅方鼎內壁銘文拓片

懷姓九宗是什麼人

唐叔受封，《左傳‧定公四年》記載：「分唐叔以大路、密須之鼓、闕鞏、沽洗，懷姓九宗，職官五正。命以《唐誥》，而封於夏虛，啟以夏政，疆以戎索。」分給唐叔虞大路之車、密須國的鼓、闕鞏之甲和沽洗之鐘，授其民為「懷姓九宗」。懷姓九宗的族屬身分向來是有爭議的。懷、媿兩字通假，懷（媿）姓貴族在晉國有較高的地位，是公認的事實，但他們是唐人還是狄人，意見不一。考古學家在曲沃縣曲村墓地發現了大量北向、東向貴族墓葬和少量西向貴族墓葬。我認為北向貴族墓葬是周人貴族的墓葬，如M6081，出土有方鼎，級別較高，但它並不是北大教授鄒衡先生所認為的唐叔虞的墓葬；東向貴族墓葬可能是唐人的貴族墓葬；西向貴族墓葬可能是狄人的貴族墓葬。「懷姓九宗」一定是在晉國範圍內，《左傳‧隱公六年》記載「翼九宗、五正、頃父之子嘉父逆晉侯於隨，納諸鄂」，這裡所說的「九宗」就是「懷姓九宗」，「五正」就是「職官五正」，明明白白地記載他們在翼，在晉國國內。晉國周圍「環以戎狄」，因此唐叔虞被封時「啟以夏政，疆以戎索」。所謂的環以戎狄，指的是北部太岳、呂梁山區，東部太岳、太行山區，南部中條山區，西部萬榮、稷山一帶，都有狄人和河西的白狄。當然晉國周圍還有像倗、霸這樣的小國，從考古發現來看，我們認為其屬於媿姓狄人。最近幾年在絳縣縣城東北的雎村一帶，又發現了一處被盜的西周墓地，墓葬方向也是東西向，這裡可能是另外一個狄人小國，即文獻上記載的翟（狄）相國。

曲沃縣天馬─曲村遺址鳥瞰

這些狄人小國很容易被學者誤認為是文獻中記載的「懷姓九宗」，這是受王國維先生的影響。《國語‧鄭語》中記載晉國邊上有個隗國，「當成周者……西有虞、虢、晉、隗、霍、楊、魏、芮」。上述八國，按其地域可分四組，虞、虢相近，霍、楊相近，魏、芮相近，晉國與隗國也當相近。「隗」與「媿」通，媿是赤狄人的姓，那麼這個隗實際上就是指這些媿姓狄人小國而言，它們與「懷姓九宗」雖然族姓相同，但不一樣。因此，我認為「懷姓九宗」就是在晉國國內的狄人，具體而言，就是像在曲沃縣曲村墓地發現的那些頭向西的墓葬主人，他們就是「懷姓九宗」的人，其中也有隨葬青銅禮器的貴族墓葬。

趙氏之封的故事

　　《史記‧趙世家》記載，造父為西周中期的周穆王駕車，有功得寵，被周穆王封賜於趙城。史家注釋趙城在今山西省洪洞縣趙城鎮舊址，其族由此以趙為氏。趙氏於西周仕晉以後，先後食邑於趙、耿、原等地，皆為大邑。《史記‧秦本紀》記載略同。我想趙氏的冊封，第一種可能是若以周穆王封造父於趙城為史實，則周穆王為其封邑實際上等於建國。我們知道，西周時期洪洞縣趙城一帶並非周王畿內，此處也不是晉國的國土範圍，而是處於霍、楊之間，這個趙當為趙國，也應該在晉武公或其前已滅於晉，晉獻公時趙夙從君征伐，得以封耿，但文獻中始終沒有說趙為晉國所兼併的事實。另外一種可能就是趙本為古唐國舊屬，始終在唐（按照《史記》的說法，趙氏的祖先自飛廉以下本來居住在趙城，飛廉即葬於霍太山下），周成王滅唐封唐叔虞，當時趙氏不為顯族，周穆王時以其駕馭有功，令晉侯封其邑趙城。趙城屬晉地，則永凝堡遺址也為晉地（或為唐都鄂地）。後來趙氏仍為天子駕馭，周幽王時叔帶仕晉，至晉獻公時始在晉國公室供要職，並有戰功封耿，從此發達成為異姓顯貴，終於三家分晉後建國。

太原市趙卿墓出土的列鼎

1. 太原市趙卿墓銅鼓座；2. 太原市趙卿墓墓室局部
3. 太原市趙卿墓墓出土的附耳蹄足銅鼎
4. 太原市趙卿墓墓出土的空耳蹄足銅鼎
5. 太原市趙卿墓墓出土的蹄足銅鼎圖

　　因此周穆王之封未必是實，但也可能西周時期晉國和其他諸侯國均不能
境內私封，唯有周王有此權力，這也從一個側面說明王畿以外西周列國無采
邑制度的事實。考古發現的太原晉源區金勝村趙卿 M251 墓葬頭向東，其俗
與河南輝縣琉璃閣范氏墓葬相同。范氏本是唐人，其墓葬與曲村墓地、洪洞
縣永凝堡墓地、上馬墓地等頭向東的唐人墓葬出於一轍，可見其當是土著唐
人。趙城一帶考古工作做得很少，西周趙國或趙城遺址還未發現，有待實
證。襄汾縣趙康一帶的趙康古城可能是春秋中期的趙氏故城，賜大夫里克
「汾陽之田百萬」的「汾陽」指的就是這一帶，此城後來長期沿用，當地人
稱為晉城，顧炎武等認為這裡就是故絳，但是缺乏考古上的實物證據。晉景
公時期的「下宮之役」很可能就發生在這裡。

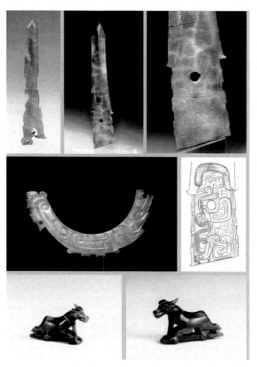

1. 曲沃縣北趙晉侯墓地出土的西周鳥首玉戈；2. 曲沃縣北趙晉侯墓地出土的西周人首神獸紋玉戈
3. 曲沃縣北趙晉侯墓地出土的西周人首神獸紋玉戈局部；4. 曲沃縣北趙晉侯墓地出土的西周人形玉璜
5. 曲沃縣北趙晉侯墓地出土的西周人首神獸紋玉戈圖；6. 曲沃縣北趙晉侯墓地出土的西周青玉伏牛
7.「下宮之役」時欒氏當政，當是其主謀，但文獻上記載得不甚明確。

黎國能否說清楚

　　西周時期在晉東南一帶還有一個黎國，這個黎國在商代晚期就存在，據《世本》等書記載，黎人與商人和宋人一樣為子姓。《尚書》中有一篇〈西伯戡黎〉，說「西伯既戡黎，祖（或是「相」字）伊恐，奔告於王」。這個西伯，大家原來以為是周文王，實際上最新發現的「清華簡」明確記載這個西伯指的是周武王，也就是說在牧野大戰之前，周武王征伐黎國，商朝大臣祖伊害怕了，急忙跑去把這個消息報告給商紂王，但商紂王認為「有命在天」，不以為然。據《史記‧殷本紀》記載，商紂王曾賜給姬姓的昌（也就是

後來的周文王）弓矢斧鉞，「使得征伐，為西伯」。文王死後，武王也繼稱西伯。可見周滅商代的黎國是在滅商之前發生的事情。據說武王克商之後，封帝堯之後於黎，那麼這個黎應為祁姓。但據傳世的青銅器銘文，西周早期成康時期的黎國應該是姬姓，是畢公高的後代，周穆王時期還遭到北方戎族馭戎的侵擾。春秋時黎為赤狄所逼，逃到衛國避難，這在《左傳》和《詩經-式微》、《詩經-旄丘》中都有記載。後來晉景公伐滅赤狄潞氏，請歸黎侯後裔，「立黎侯而還」，這時的黎侯可能成了晉國境內的一個封邑大夫了，和後來來奔的楚國大夫申公巫臣封於邢稱邢侯一樣。

黎城縣西關墓地大墓墓室

黎城縣西關墓地青銅器

黎城縣西關墓地出土的銅鼎

黎城縣西關墓地出土的銅壺

黎城縣西關墓地銅壺銘文拓片

二〇〇六年一月到九月，山西省考古研究所在黎城縣西關被盜的西周墓地勘探發現了九十二座墓葬，其中有帶墓道的大型墓三座（被盜嚴重），中型墓十五座，其餘為小型墓。

共發掘了十座墓葬，其中大型墓兩座、中型墓五座、小型墓三座。黎城西周墓葬均為南北向，大、中、小型墓葬雜處於一個墓地，看不出有明顯的排列規律。在這個墓地沒有發現夫妻並穴合葬的現象，也沒有發現為國君專設的車馬坑，車子隨葬在墓葬內。有趣的是，在每座墓葬的一面墓壁上有一個不規則形的洞，它的功能和意義目前還不清楚。

這裡的墓葬至少可以分為三個等級，第一等級為帶一條墓道的大型墓，墓主是高級貴族，可能為黎國國君或夫人；第二等級為中型豎穴墓，墓主為低級貴族；第三等級為小型豎穴墓，墓主為一般平民。在中型墓葬中發現有腰坑。大型墓葬一號墓填土內有殉人，十號墓填土中埋葬犧牲五十七具。中型墓八號墓為一鼎墓，有腰坑，出土器物為鼎一、簋二、壺二、瓿一、盤一、匜一。其中青銅鼎上鑄有「楷宰仲考父」，壺上鑄有「楷侯宰□作寶壺永用」。「楷」與「黎」通用，楷侯即是黎侯，墓主人很可能就是黎侯的

宰，他的字是「仲考父」，其私名叫做「吹」。發掘結果表明，這處墓地屬西周晚期到春秋初年黎國國君及其國人的墓地。從該墓地發現的其他器物判斷，墓地的時代可能還要早，墓葬數量可能更多，它或者是西伯勘黎後分封的黎國的遺存，可能屬於西周姬姓黎國的家族墓地，但發現有殉人、殉牲和腰坑的現象，卻又屬於商文化的因素。

黎城縣西關西周墓地的發現，解決了西周黎國的歸屬問題。近年我們又在長子縣西南呈村發現了一處西周墓地，屬西周中晚期的墓葬，其中有數座帶一條南墓道的晚期大墓，推測這個墓地可能也與黎國有關，可能是黎國在西周時期曾經遷徙的遺存。晚商子姓黎國和春秋時期晉國所立黎侯的遺存還沒有被發現或辨別出來，有待進一步發現與研究。

啟以夏政，疆以戎索

叔虞封唐的時候，周成王曾經頒布過《唐誥》，但是它的具體內容在史書中沒有被保留下來。在《左傳》中記載有「啟以夏政，疆以戎索」的治國方略，而給魯國和衛國的政策是「啟以商政，疆以周索」。這兩句話對理解當時社會狀況的內容非常重要。歷來對此有多種不同的解釋，有人認為是周王朝的一種殖民政策，到唐地後仍按照舊的方法來統治。一種理解是用夏人的風俗習慣去開啟民智，用戎人的方法去疆理分配土地，這是主流的認知。另一種理解是用夏人的政教去教化，用戎人的方法去治理。

還有人把「政」理解為夏小正，把「疆」理解為邊界，認為是用夏小正去啟發民智，以應農時，土地不夠了向戎人索取，這種理解顯然是不正確的。

還有人理解「疆以戎索」是用戎人的尺度去劃分疆界。另有人把「疆以戎索」的「疆」字理解為「韁」，認為是用戎人的方法駕馭戎人。有這些不同的認知是正常的，總體來說，對「啟以夏政」的認知分歧不大，即以夏人的

政教習俗來啟發他們，但對「疆以戎索」的理解略有分歧，一種認為是疆理土地，一種認為是劃分疆界，但以用戎人的方法去駕馭戎人的解釋最為貼切。

晉國初封，主要有三個族群，一群是來自周地的統治集團族群，即唐叔虞家族及必要的官僚和軍隊等等。一群是土著唐人，或即夏人後裔——夏遺民，居住在大夏之墟，因此要「啟以夏政」，這就是要順應其習俗，尊重當地人的生活習慣，有些入鄉隨俗的意味。「禮」在各地實行的情況是不相同的，周禮在與地方文化相融合時，總會產生或多或少的差異，不同地區習俗的差異是很明顯的，各地族群因地制宜地走了各自的路。魯國國君伯禽採取的是「變其俗，革其禮」的方式，對魯國土著文化的禮俗進行了一些變革。周王對魯國的要求是「啟以商政」，魯國的土著原來是商王朝統治下的族群——商奄之民，因此要以商人的政教習俗來開啟民智，尊重當地商文化的傳統習俗。姜太公「簡其君臣禮，從其俗為也」，即簡化其君臣之禮，順從當地習俗。晉國則「啟以夏政，疆以戎索」。各國採取的融合政策是不盡相同的，融合的方式也就不同。另外一群人是懷姓九宗，也就是媿姓狄人，屬於戎狄。當時在中原華夏人眼中，戎狄是對那些居住於山區中，文化習俗與中原不同，相對落後而又好戰的北方族群的統稱。其實戎人和狄人是不同的族群集團，戎人又可分好多小的族群，如犬戎、大戎狐、驪戎、條戎、奔戎等，狄人也分很多小的集團，如赤狄和白狄根本就不一樣，赤狄和白狄之下又分很多支系。所謂的東夷、南蠻、西戎、北狄，是漢代以後對中原華夏族群以外族群的蔑稱，先秦並沒有分得那麼明確具體。按照文獻上的記載來理解，所謂的戎狄，是屬於更仰賴於畜牧的族群，定居或遷徙不定，有些可能就是游牧族群。由於長期居住於交通不便的山區，相對封閉的環境使其與外界交流受到一定程度的制約，雖然他們也是漢語族群，但方言土語可能較重一些，這就是所謂的「言語不達」；飲食、衣著打扮可能與中原華夏族群有些差異，正所謂「飲食衣服，不與華同」；雙方財禮不相往來，即所謂的「贄幣不通」。這些族群在上古不同的歷史時期，與中原可能有著不同的交流方

式和不同的外交關係，例如周人的祖先曾經「自竄於戎狄」，那時戎狄族群在製陶技術上落後於華夏，農業也不如華夏族群先進，食物結構方式不同，飲食習慣不同，中原所謂的禮儀制度等，他們也沒有，社會發展的各個方面相對滯後，這就自然形成了族群之間的文化障礙，因此文獻上說，戎狄「貴貨易土」，可能正是其農業不發達的表現。由於地理的原因，有些戎狄族群也沒有戰車，不適宜或不懂得車戰。這些在中原地區似乎都不是問題。

追根溯源，在新石器時代的廟底溝文化階段，大約西元前三千八百多年，在中國大範圍（北到長城地帶，東到大海之濱，南部越過長江，西達甘青地區）進行了一次文化大統一，族群的大融合。那個時候已經有了一些文字，也一定有了語言。當時的族群數量比後來還要多，隨著人類社會的發展，一個個的小族群不斷地融合，到了大禹的時候，禹會諸侯萬國，族群的數量還比較多；武王滅商，聯合八百諸侯於孟津，整體上來看，族群的數量越來越少，個體族群的規模越來越大；到秦始皇統一中國的時候，族群的數量就更少了，規模更大了。

大約從夏代之前開始，中原地區在農業、手工業等文明要素的各個方面有了迅速的發展，文化有了長足的進步，而中原地區以外的族群處於相對落後的狀態，逐漸在語言、文字、農業、手工業、生活方式和禮儀制度等方面拉開了距離，產生了差異。隨著人口的不斷成長，為了爭奪資源和生存空間，中原地區這個有組織形態的或組織形態較高級的族群，與其外圍那些無一定組織形態或組織形態較低級的族群之間，經常發生各種形式的衝突和摩擦，彼此之間關係就比較緊張。商代甲骨文中記載著那些經常與商王朝發生戰爭的方國，像鬼方、方、土方等等。這些方國也在不斷發生著變化，有些與中原王朝長期為敵，有些時叛時服，還有些直接接受中原王朝的冊封。這些方國有些長期居住在深山之中，有些居住在半山區或山區與平原交會地帶，有些遷移到平川地帶，像我們在山西絳縣橫水發現的倗國和翼城縣大河口發現的霸國族群，就都屬於在商代就被中原文化同化了的狄人族群。他們的文

化、禮儀等與中原王朝的其他封國相差無幾，但仍然保留了一些本族的文化傳統，例如墓葬的方向為東西向，墓主人頭向西，可以殉人或殉牲，使用斜洞等等。「疆以戎索」，可能不僅說的是分封給唐叔虞的「懷姓九宗」，而且也包括晉國周圍的諸多戎狄族群。《 國語 》記載晉獻公的時候還滅掉了一個狄人國家，叫翟（ 狄 ）柤國。原來我們不太關注這個小國家，最近我們在絳縣縣城東北大約五公里的地方又發現了一個被盜掘的西周墓地，這個墓地所在的村子名叫雎村。有意思的是，這個墓地的墓葬也是東西方向的，頭向以朝西為主，與絳縣橫水墓地和翼城大河口墓地相同。這個墓地距橫水墓地將近二十公里，因此我認為這是新發現的又一個西周狄人小封國，這個國家的名字很可能就是柤國，因為上古音中「 柤 」和「 雎 」是疊韻字，可以通假。不過這也只是我的一種大膽推測，究竟是不是這樣，還需要進一步的考古工作來證實。其實在晉國周圍還有很多狄人國家沒有被發現，但這與晉國的貴族「懷姓九宗」是不同的，「懷姓九宗」是晉國國內的狄人，而這些小國則是周王分封的相對獨立的國家，他們擁有自己的統治階級和官僚系統，他們與晉國國內的貴族「懷姓九宗」雖然都是狄人，但不可同日而語。

「啟以夏政，疆以戎索」是周王頒賜給晉國的民族政策，是關係到這個「方百里」大國唐在晉南統治成敗的綱領性文件。事實證明，晉國在這個民族政策的指引下，周人與唐人、狄人的關係處理得都很好，這幾個族群的人生前能夠在同一個都城中和睦共處，死後能夠埋葬在一個大型的公共墓地，這個遺址就是天馬—曲村遺址。正是正確地處理了各族群之間的相互關係，周人在這裡才能很快站穩腳跟，晉國才能很快強大起來。由此可見，「啟以夏政，疆以戎索」這個民族政策具有重要而深遠的歷史意義。

【爨父徙晉】

　　唐叔虞的兒子燮父把都城從唐都鄂遷到今天曲沃縣天馬－曲村一帶，國號改稱晉。這裡山環水繞，地望頗佳，北、東、南三面環山，西面平坦開闊，在這個小盆地中，滏河自天馬－曲村遺址東南部由東北向西南蜿蜒，在西部大約十四公里處匯入南流的汾河。這裡土地肥沃，農業發達，物阜民豐，奠定了晉國發展的經濟基礎，成為晉國的政治、經濟、文化和軍事中心。一九六二年，山西省文物工作委員會侯馬工作站發現了這處大遺址。一九七九年，北京大學歷史系考古團隊和山西省文物工作委員會開始對這處遺址進行長達數十年的考古調查與發掘工作。這處遺址面積達十一平方公里，從新石器時代延續到漢代，期間沒有發現商代晚期的遺存，堆積厚度達到幾公尺，其中以西周遺存最為豐富。

1. 黎城縣西關墓地出土的銅簋
2. 曲沃縣北趙晉侯墓地出土的西周銅邦父鼎
3. 曲沃縣北趙晉侯墓地出土的西周銅邦父鼎銘文

　　一九七〇末、一九八〇初，北京大學考古系鄒衡教授率領他的團隊，在晉南地區進行了大範圍的考古調查，最後選擇在天馬－曲村遺址進行考古發掘工作。在早年發表的考古調查報告中，他就敏銳地提出天馬－曲村遺址是

晉國早期的都城遺址。一九八二年，他說：「（天馬－曲村）遺址在西周初期就已興起，發展到繁盛時期是在西周晚期至春秋初期，而到春秋中晚期至戰國早期，卻又陡然衰歇下來……天馬－曲村遺址和葦溝北壽城遺址的發現，自然就為尋找晉國的舊都——『故絳』提供了極其重要的線索。……尤其是今在此二縣（洪洞縣、翼城縣）內發現了坊堆-永凝堡、葦溝-北壽城、故城村和天馬－曲村四處大規模的早期晉文化遺址，山西境內他處尚未有類似規模的遺址發現。因此，我們認為，霍山以南、絳山以北、汾水以東、澮水以西方圓百數十里的範圍內，很有可能就是《晉世家》所謂『方百里』的晉始封之地。」現在看來，天馬－曲村遺址是不是晉國的始封地和春秋中期的都城故絳存在爭議，但這裡是晉國早期燮父徙晉的都城則幾無異議，他的這一觀點已經被後來北趙晉侯墓地等考古發現所證實，從這個意義上來說，是鄒衡先生發現了最早的晉國。

燮父有沒有遷都呢？

燮父是唐叔虞的嫡長子，又稱伯燮，他把父親所繼承的國號唐改成了晉，都城也遷移到了晉地。過去有一些歷史學家和考古學家認為燮父遷過都，也有很多人認為雖然國號改了，但都城並沒有遷徙，譬如北京大學著名考古學家鄒衡先生一直認為天馬－曲村就是唐地，也是晉國早期的都城，甚至認為晉國中期的都城故絳也在這裡，信從這種說法的人很多，幾乎成了考古學界的主流認知。事實上，雖然在天馬－曲村遺址發現了北趙晉侯墓地，但並沒有發現唐叔虞的墓葬；雖然發現了西周貴族的墓葬，但年代也早不到唐叔虞之時。也就是說，在天馬－曲村遺址見不到一點晉國之前的唐文化的遺存，那麼這種說法本身就值得懷疑了。鄒衡先生甚至提出曲村墓地的六〇八一號墓就是唐叔虞的墓葬。雖然在這座墓葬中發現了一件方鼎，但是從墓葬的時間早晚、空間位置和規模等級等方面分析，這種說法是講不通

的。古本《竹書紀年》明言「晉侯作宮而美，康王使讓之」，今本《竹書紀年》也記載「（康王）九年，唐遷於晉，作宮而美，王使人讓之」，就是說晉侯燮父遷都以後，在新邑建造的宮殿過於奢華，周康王派人責備他。燮父是成王和康王時人，據《左傳‧昭公十二年》，「昔我先王熊繹，與呂級、王孫牟、燮父、禽父並事康王」，但《史記‧楚世家》又言燮父等一班人「俱事成王」。天馬─曲村遺址已經可以確定為晉侯燮父所遷的晉，但在這裡並沒有發現與唐有關的任何遺跡和遺物，可見晉侯遷都確有其事。二○○七年疏公盨的面世，才使這一宗自漢唐以來的學術爭論塵埃落定，因為在這件青銅盨上有一篇銘文，其中有「王令唐伯侯於晉」的文句，意思是周王命令唐伯燮父到晉地作晉侯，足證唐、晉不是一地，燮父遷都確有其事。

陝西眉縣出土的西周晚期四十二年逑鼎

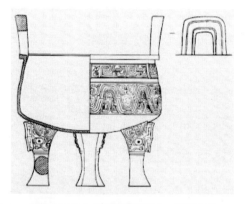
陝西眉縣出土的西周晚期四十二年逑鼎圖

陝西眉縣出土的西周晚期四十二年逑鼎拓片

「晉」字原來是地名

疏公簋是西周早期的青銅器，簋的內底鑄有一篇銘文，內容是：「（疏）公作妻姚簋，遘於王令唐伯侯於晉，唯王廿又八祀。五。」其中「王令唐伯侯於晉」一句相當重要，晉在這裡顯然是個地名，就像早年在北京市房山區琉璃河墓地發現的青銅器克罍、克盉一樣，其銘文中有「令克侯於匽（燕）」，燕當初也是地名（商代就存在），後來就作為燕國的國名了。楊國的楊本來也是地名，二〇〇三年在陝西眉縣楊家村發現的「四十二年逑鼎」上有「余肇建長父侯於楊」的字句，楊後來也用作國名。今本《竹書紀年》記載周穆王五十一年，「命甫侯於豐」，豐是地名，用作國名。從疏公簋來看，晉國國名的由來也是如此，即燮父所遷的晉在當時是個地名，後來作為國名來使用。

晉作為國名，與文獻上記載的「晉獻嘉禾」、「異畝同穎」等並沒有什麼關係，都不過是今人的牽強附會罷了。晉是地名用作國名，都城的名字叫做翼，後來晉獻公時的都城名字叫做絳，因此我認為晉國的第一個國都就在晉。也有人說晉國的第一個國都名字是「向」，因為在晉侯墓地一一四號墓葬中出土的晉侯鳥尊蓋和器上各有一篇相同的銘文，內容是「晉侯作向大室寶尊彝」。

大室就是太室，也就是當時唐叔虞的廟，這個「向」很可能是宗廟的專用名稱，正如周王的康宮、康室、康宮大室、穆宮、昭宮、夷宮一樣，而不是晉都的名字，當然，這個問題還有進一步研究的必要。「翼」這個都城從晉侯燮父一直沿用下來，只不過到晉昭侯時，因曲沃桓叔一支與晉國正宗晉昭侯一支爭國，在《左傳》中才出現了「翼」這個晉國國都的名稱。

曲沃縣北趙晉侯墓地 M114 出土的西周早期銅鳥尊

曲沃縣北趙晉侯墓地 M114
出土的西周早期銅鳥尊局部

曲沃縣北趙晉侯墓地 M114
出土的西周早期銅鳥尊

晉昭侯是晉文侯的兒子，晉文侯因為周平王的東遷，勤王有功。《尚書》中保存有一篇〈文侯之命〉，其中記載：「王若曰：『……父義和！汝克昭乃顯祖，汝肇刑文武，用會紹乃辟，追孝於前文人。汝多修，扞我於艱，若汝，予嘉。』王曰：『父義和！其歸視爾師，寧爾邦，用賚爾秬鬯一卣、彤弓一、彤矢百、盧弓一、盧矢百、馬四匹。父往哉！柔遠能邇，惠康小民，無荒寧。簡恤爾都，用成爾顯德。』」

就是講述周平王對晉文侯的嘉獎和勉勵。同樣對晉文侯功績有所記述的是傳世的青銅器晉姜鼎，其中有「晉姜曰：……勿廢文侯顯令」的字句，兩者交相輝映。

傳世的西周晚期春秋早期銅晉姜鼎線圖　　　　傳世的西周晚期春秋早期銅晉姜鼎銘文

天馬－曲村是晉都

　　能說明天馬－曲村遺址是燮父所遷徙的晉都而不是唐都鄂的一個主要證據就是近年發現的疏公盨。這件青銅器最早被發現於香港某私人收藏家手中。二○○七年，朱鳳瀚先生在香港見到這件器物以後，將其發表在二○○七年第三期《考古》雜誌上。在器物的內底鑄有幾十個字的銘文，內容最為重要，其中有一句為「王令唐伯侯於晉」，說的就是唐伯被周王冊命封侯於晉。這裡有兩個問題，一是唐伯是誰？二是從唐遷到晉的唐在哪裡？東漢鄭玄《毛詩譜》記載說「燮父以堯墟南有晉水，改曰晉侯」。班固《漢書》所說晉水指太原的晉水，由此把晉也說到太原晉陽。南北朝人徐才的《宗國都城記》有「燮父徙居晉水旁」的說法。其實現在看來，晉水在太原晉陽這種說法是根本靠不住的，至少這些記載反映的不是西周初年的情形，而是很久以後的說法。此外，又有晉字是箭箙象形的說法，又說與唐叔虞晉獻嘉禾有關。這些都是猜測，其實晉就是一個地名，它的來歷應當另有原因。這個唐伯的「伯」是伯、仲、叔、季之伯，還是公、侯、伯、子、男之伯呢？或者說唐叔虞當年被冊封的時候是侯爵還是伯爵呢？

　　這裡的唐伯顯然指的是燮父了，因為文獻上明言燮父徙晉，而不是唐叔虞徙晉，這個伯當是排行，不是爵位，是嫡長子，是指燮父，文獻記載唐叔虞是侯爵而非伯爵。當然討論這個問題的前提是這件青銅器一定是真器，但是有先生懷疑它可能是贗品，甚至當年在北京大學的博雅論壇上，曾有學者說我們想什麼就來什麼，言下之意是對這件青銅器的來源表示懷疑。

　　但學術界大多數人似乎更願意相信這是一件出土的真的青銅器，因為它的出現解決了聚訟多年的老問題，那就是唐和晉是不是同一個地方、燮父是否曾遷過都以及《竹書紀年》上所說的「唐遷於晉」是否可靠等等。不過話說回來，在所有討論者當中，當時只有朱鳳瀚先生一人見過這件青銅器，他相信這件青銅器是真品，後來他又撰文專門申論過此事。現在這件珍貴的文

物被中國國家博物館收藏。就科學研究來說，第一手資料的可靠與否直接關係到後面研究結論的正誤。目前海內外文物市場混亂，為了牟利，魚目混珠，製假售假以騙取錢財的事情司空見慣。青銅器最重要的價值就在於其銘文所提供的歷史訊息，造假者也不乏有專業背景者，「重賞之下，必有勇夫」，有鑑於此，對於凡非科學發掘所得的器物，無論欣賞或研究，都要萬分謹慎才是。

雖然叔虞封在了唐地，國號為唐，但是後世子孫都尊奉他為晉國的始祖，司馬遷的《史記》中就稱他為「晉唐叔虞」，事實上他就是晉國宗室的始祖，班固在《漢書‧地理志》中認為唐、晉在晉陽，所以到漢代以後都要在晉陽祭祀這位晉國的老祖宗。

一九九〇年代，在天馬—曲村遺址搶救發掘的北趙晉侯墓地，共發現西周到春秋初年的九組十九座晉侯及其夫人的墓葬，證明這裡是晉國國君及其夫人的墓地。在其西大約八百公尺處曲村的北部和東部早就發現了晉國貴族及其家族的墓地。在天馬—曲村還發現了面積很大的生產生活遺址，特別是手工業作坊遺址中鑄銅陶範的發現，都證明這個遺址不是一般的聚落遺址。雖然目前還正在探尋古城牆垣基址，但這些重要的發現已經足以確定天馬—曲村遺址就是西周到春秋早期的晉國國都遺址。

永凝堡遺址是楊國嗎？

與晉國同時分封的國家還有很多，像賈、先這些老牌國家，此前就在山西晉南，在周初也重新接受了周王的冊封。遷封到這裡的狄人，像倗、霸等族群，也在這裡建立了國家，這些國家都是相對獨立的國家。楊國是一個資歷較老的國家，史學界多年來一直將洪洞縣的永凝堡-坊堆遺址（包括南秦遺址）視為楊國的遺址，但這個遺址是屬於哪一個國家的遺址卻並不好確定。

洪洞縣永凝堡墓地出土的西周晚期銅簋　　　　　　洪洞縣永凝堡墓地出土的西周晚期銅簋銘文

　　永凝堡遺址中的永凝堡墓地從西周早期一直延續到西周晚期，但考古發掘的貴族的墓葬大多已被盜掘，也沒有在這個墓地發現帶墓道的大墓。出土青銅器的墓葬最多有三件銅鼎，也都是一般的貴族墓葬，級別不夠高。青銅器銘文也說明不了太多的問題，比如在這個墓地九號墓發現的恆父簋，器內銘文為「恆父作旅簋」；十四號墓發現的恆父簋，銘文為「恆父作寶彝」。恆父是貴族的字，這兩個恆父是否為一人，還難以遽斷。倒是一九九〇年代在永凝堡發掘出土的閻尚父簋很值得關注。這件帶蓋簋的蓋內和內底部都有一篇銘文，內容相同，當年應洪洞縣文物旅遊局姚姣鳳副局長的委託，一九九七年我將這篇銘文的拓片寄給我的老師—— 著名的古文字學家吳振武先生（吉林大學教授）。他釋為「閻尚父作寶簋，其萬年子孫永用」，並認為從古音和出土地考察，極可能即古書中常見的閻氏。這個閻很有可能是地名、國名，據《新唐書》記載，唐叔虞之後晉成公子懿，食采於閻邑。一九九〇年代在曲沃縣北趙晉侯墓地第六十三號墓葬中發現了一對銅壺，蓋內和頸部均鑄有一篇相同的銘文，內容為「楊姞作羞醴壺，永寶用」。一時間關於楊國的討論非常熱烈，是否存在一個古楊國和一個新楊國？西周早中期的楊國是姬姓還是姞姓？《新唐書》記載的周宣王分封他的兒子尚父到楊國是否真實可靠？諸多問題層出不窮，各方意見眾說紛紜，僵持不下，直到二〇〇三年在陝西省眉縣楊家村出土了逑鼎銘文，這個問題的爭論才有

了結果。在楊家村發現了一個青銅器窖藏,出土了一批重要的青銅器,其中有一組四十二年逨鼎,鼎內鑄造一篇較長的銘文,銘文中有「余肇建長父侯於楊」的語句,這個「長父」應該就是《新唐書》裡記載的尚父。「長」和「尚」在當時是同音字,可以通假。這個尚父也是字,而不是名。凡稱某父的,一般都是字,父、甫屬同音字,是對男子的美稱。

洪洞縣永凝堡墓地出土的西周中期銅鼎

洪洞縣永凝堡墓地出土的西周中期銅鼎銘文

洪洞縣永凝堡墓地出土的西周早期銅恆父簋

洪洞縣永凝堡墓地出土的西周早期銅恆父簋蓋銘文

洪洞縣出土的東周銅罐

洪洞縣永凝堡墓地出土的西周早期銅恆父簋銘文

1.曲沃縣北趙晉侯墓地出土的銅楊姞壺；2.曲沃縣北趙晉侯墓地出土的銅楊姞壺器內銘文
3.曲沃縣北趙晉侯墓地出土的銅楊姞壺；4.曲沃縣北趙晉侯墓地出土的銅楊姞壺蓋銘文
5.曲沃縣北趙晉侯墓地出土的楊姞壺蓋頂紋飾；6.曲沃縣北趙晉侯墓地出土的銅楊姞壺器內銘文
7.曲沃縣北趙晉侯墓地出土的銅楊姞壺蓋銘文

　　夑父也是晉侯的字，他的名字不是夑。但這個尚父與同是西周晚期的
「閻尚父」簋的「尚父」未必是同一個人，因為當時同名或同字的人很多。
有人認為這個楊國在陝西眉縣楊家村一帶，但多數學者認為應該在山西洪洞
縣一帶。無論如何，周宣王時期分封了一個姬姓楊國是可以肯定的事實，
但洪洞縣的永凝堡遺址是不是楊國，並沒有被確定下來。在永凝堡遺址曾
發現過帶文字的卜骨，即所謂的甲骨文。我們知道，凡出土甲骨文字的商周
遺址，一般都是具有都邑性質的重要遺址，因此洪洞縣永凝堡遺址可能是一
處國都遺址。可惜的是後來的發掘資料沒有及時公布出來，但從相關的報導
中，我們發現，在永凝堡這個西周墓地也同時存在墓主頭部向北和向東兩個

大的族群，這和天馬－曲村甚至較晚的上馬墓地的情況都是非常相似的，說明這裡也可能是晉人的故地「唐」。在這裡還發現過商代晚期的陶鬲口沿和其他器物，說明這裡在商代晚期就是一處重要聚落。這裡若是唐，那麼燮父遷晉以後，這裡又歸誰領有呢？況且從洪洞縣永凝堡遺址到曲沃縣的晉國國都翼，直線距離達六十四公里，那麼當時晉國的範圍可能已經大大超過了「方百里」的範圍。話說回來，楊國不在這裡又會在哪裡呢？

山西中北部在西周時屬於誰

　　山西的西周遺址或墓地都集中發現在南部運城、臨汾和晉東南地區，而在霍州以北的呂梁、太行和太岳山區幾乎沒有任何西周遺物的發現，唯一可知的是一九八〇年代在太谷縣白燕遺址發現過西周晚期的一個灰坑（編號H348），而且發掘的遺物很少，可以作為判斷年代的依據不足，我們認為它的年代在兩周之際，或春秋早期。另外也有人認為柳林縣的高紅遺址年代不僅包括商代晚期，其下限進入了西周時期。當然我們也認為，在西周時期，這些地區應該有人類居住生活，但為什麼在考古上沒有任何發現呢？據研究，西周初年地球進入了一次乾冷期，也許這些居住在山區的居民遷徙到了其他地方，但商代晚期居留在這些山區的那些居民，到西周時期，二百多年間去了哪裡？如果仍然生活在這些山區，就沒有遺留下任何痕跡嗎？即便像柳林高紅這樣的遺址，其年代進入西周早中期，可是這樣的遺址在山西屈指可數，這又是為什麼呢？這個問題至今仍然困惑著考古學家，但終有一天會揭開其神祕的面紗。

　　西周王朝的有效統治範圍西自今寶雞地區以東，沿渭河流域東下，占據山西晉南和晉東南的幾個盆地，沿太行山南端繞到太行山以東，占據今邢臺地區，往北一直到今北京市一帶。渭河谷地以北的山區大多並不是其轄區，華北平原南北之間還居留有不少戎狄和其他族群。在今山東地區分封有齊、

魯等大國和逢、紀、萊、莒、滕、邾、薛等數十個小國，在東南地區分封有吳國、宜國等，在淮河流域中下游則居住著徐戎、南淮夷等，在淮河上游也分布著眾多小國，如應、蔡、蔣、息、申、呂、江、黃等等，在漢水流域分封有多個姬姓小國，像近年考古發掘的湖北省隨州市葉家山西周墓地所屬的曾國及羊子山西周墓地所屬的噩國，這些國家都是周的屬國。其實周王朝實際控制的範圍十分有限，在這個範圍內還穿插居住著不少蠻夷和戎狄等族群，西周王朝勢力範圍以北的北方地區大多被戎狄族群所占據，這些所謂的少數民族還經常與中原「華夏」發生戰爭，譬如獫狁等赤狄、南淮夷等長期與周王朝為敵，傳世的文獻和很多青銅器銘文都有力地證明了這些事實。其實不論是婚姻，還是戰爭，都是文化交流的一種方式，西周奉行的「同姓不婚」制度客觀上使得姬姓周人與異姓族群，特別是少數民族結下了姻緣關係，所謂的政治聯姻，在一定程度上來說並非完全出於理想，更多的應歸功於自然法則的選擇，當然把它作為懷柔政策的一部分理解也無可厚非。

西周時期山西中北部地區到底屬於誰？到目前為止，我們還是一片茫然，推想應是戎狄占據，但在考古學上並沒有發現任何這一時期的遺留物，這也是令人困惑難解的地方。

晉國至少有三群人

唐叔虞被冊封的時候，其族群至少由三部分組成。一大部分是當地的土著，即所謂的唐人，這些唐人按照文獻記載來說，可能就是夏人的後裔 —— 這些夏人後裔很可能是世代居住在夏朝統治中心區域夏墟的當地族群，未必是夏族的後裔 —— 因此分封唐叔虞的時候要「啟以夏政」。

另一部分是分封給唐叔虞的「懷姓九宗」，就是文獻上所說的隗姓狄人，也就是青銅器銘文中的媿姓狄人，因此要求唐叔虞「疆以戎索」。還有一部分就是唐叔虞帶來的周人。當然晉國可能還有來自其他地方或族群的

人，因其數量較少、來源不明而難以確定。可以說晉國自唐叔虞被分封之初就是一個多「民族」的國家。對於原來作亂的唐人的貴族及其家族，可能對他們進行了懲罰，或者把他們遷徙到其他地方去了，就是今本《竹書紀年》和《左傳》所說的一部分遷到了今陝西省西安市的杜這個地方，根據出土的杜國青銅器來看，杜地也可能在陝西省澄城縣與韓城交界處一帶；另一部分遷到了漢水流域的唐地。《左傳‧襄公二十四年》記載，范氏在追述其家世時曾說，他的祖先是唐人的一部分，所謂「昔匄之祖，自虞以上為陶唐氏，在夏為御龍氏，在商為豕韋氏，在周為唐杜氏，晉主夏盟為范氏」，《國語‧晉語八》的記載與之略同，這也可以作為唐人成分較複雜的一個例證。但這個陶唐氏並不一定是所謂的古堯帝。范氏自述其祖宗來源，當無疑問，以此看來，范氏本為祁姓，當是唐人後裔。透過研究，我們認為在天馬─曲村遺址發現的頭向東的墓葬屬於西周唐人的墓葬，河南輝縣琉璃閣發現的春秋晚期范氏墓葬也是頭向東，與前者淵源有自，太原春秋晚期趙卿墓也是頭向東的墓葬，也當屬唐人，只是其為嬴姓，可見唐人在商代晚期就已經包含多個族姓，應該稱為以祁姓唐人為主體的唐人集團。晉國早期異姓貴族甚多，曲村東向墓葬屬於不同家族的唐人後裔，他們與周人和「懷姓九宗」的墓向不同。至於范氏是否有一部分被遷往杜地，後來又回歸晉國，考古上還沒有證實，其後裔在晉國成為顯族，則是不爭的事實。實際上唐（晉）國從一開始建國就重用異姓貴族，例如「懷姓九宗」貴族和唐人貴族，這在天馬─曲村遺址已經得到證實。到了晉獻公時期，吸取了晉昭侯和曲沃桓叔兩宗長期內戰的教訓，大舉進行滅公族行動，以鞏固其統治地位。以後多代晉君選賢任能，大膽啟用異姓貴族，不僅為晉國的繁榮強大注入了活力，也為最後三家分晉埋下了禍根。

據史書記載，在洪洞縣存在一個趙國，趙國興起於造父，屬嬴姓，他給周穆王駕車，被封在洪洞縣的趙城一帶，但在田野考古上至今並沒有什麼發現。後來趙氏在晉國如日中天。從一九八八年五月在太原發掘的趙卿大墓及

其家族墓地中，我們可以發現，他們的墓葬也是束西向，墓主人頭同東，在晉南地區，頭向東的墓主可能是唐人，那麼趙氏原來或者就是唐人的一部分。晉國的趙氏是一個大族，後來發展得枝繁葉茂，把持晉國朝政多年。趙卿墓、范氏墓與洪洞縣永凝堡墓地、天馬－曲村遺址曲村墓地、侯馬市上馬墓地東西向墓葬墓主頭向東的埋葬習俗是一致的，這些墓主頭向東的東西向墓葬可能都是唐人後裔的墓葬。此外，在曲村墓地還發現了一部分頭向西的墓葬，這些墓葬只是曲村墓地發掘區邊緣的一小部分，實際上曲村頭向西的墓葬應該還有很多，只是目前還沒有發掘出來而已。這些墓葬有一部分是帶有腰坑的，所謂的腰坑，是指在棺內墓主人的腰部下面的墓底有一個長方形或橢圓形的坑，坑內一般埋葬狗或人等祭祀的東西，腰坑是在埋葬之前祭奠的坑，在商人的墓葬中比較流行，一般把它作為商人的後裔即殷遺民的一個明顯的代表。

有趣的是在絳縣橫水墓地和翼城縣大河口墓地也發現了大量頭向西的墓葬，透過其中出土的青銅器銘文，我們知道這些頭向西的墓葬的墓主是媿姓狄人，由此推斷曲村墓地頭向西的墓主也是狄人，也就是文獻上記載的「懷姓九宗」。但絳縣橫水和翼城縣大河口墓地則不是「懷姓九宗」，而是新發現的兩個西周小國 —— 倗國和霸國。

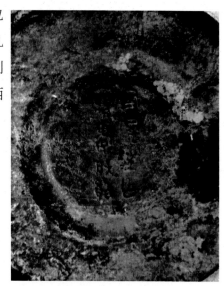

絳縣橫水墓地出土的西周銅簋銘文

西周采邑制度說

　　有的研究者說西周諸侯國有采邑制度，其實這是難以確定的事情。東周和漢代文獻上記載的采邑制度都只限於周王室直接控制範圍的畿內，畿外各諸侯國是什麼情況，文獻上並沒有說，文獻上凡說到諸侯國分封給卿大夫采邑，都是春秋以後的事情。可是有些研究者卻拿東周文獻記載的畿內的事情，來臆測西周諸侯國內的制度，這種推斷在方法論上是不科學的，至少目前看來這種說法還很難使人信服，因為西周和東周在政體、制度、文化等方面存在著非常大的差別。我們知道，到春秋時各諸侯國都不太把天子當一回事了，各自為政，各地的文化特色就都突顯出來，沒有了西周時期那種明顯的統一性。西周王朝那種禮制的約束一旦解放，諸侯賜給大夫采邑的事情才浮現出來，侯馬上馬墓地就是明顯的例子。上馬墓地在西周中晚期就已經存在，但考古發現的都是些小墓，墓地北部也發現有西周遺址。

1.、2. 侯馬上馬墓地出土的春秋吳叔戈；3. 侯馬上馬墓地出土的春秋銅匜鼎
4. 侯馬上馬墓地出土的春秋中期庚兒鼎；5. 侯馬上馬墓地出土的春秋中期庚兒鼎銘文

　　到了春秋早期，上馬墓地突然出現了貴族的銅器墓，墓主頭朝北埋葬，而且這些貴族的墓葬大多集中在地勢較高的北部區域，不與其他頭朝北或朝

東的中小型墓葬在一起，這說明春秋時期晉國國君把上馬這裡分封給了某一位大夫作為采邑，其子孫世代管理此地，並埋葬在這裡。西周時期這裡不是不屬於晉國的領土範圍，也不是不歸屬晉侯管轄，只是管轄的方式與春秋不同罷了。按照西周諸侯國存在采邑的說法，上馬墓地西周時期沒有貴族墓的現象就難以索解，這裡是誰的采邑呢？

既然西周與東周制度不同，我們就不能用東周各國封賜大夫采邑的記載來推測西周畿外各國也有采邑，更不能錯誤地將西周小國誤認為是大國的采邑，比如有學者就說倗國和霸國是晉國的「懷姓九宗」，是晉國的采邑，其實這種說法只能是一種假想罷了。吉林大學教授呂文郁先生早就說過西周畿外諸侯國沒有采邑，考古發現證明呂先生的說法是正確的，在沒有確實的證據之前，非要說西周各諸侯國存在采邑，結果只會把西周史的研究引入歧途。

語言文字話融合

考古學文化與語言學上的方言區有一定的關係，晉國文化也不例外。

除了婚姻，戰爭也是一種融合交流的方式，雙方互相了解，互相學習，取長補短，化解矛盾，征服與被征服，在這個過程中實現了交流與融合。著名歷史學家呂思勉說：「文字語言，是在空間上和時間上把人類聯結為一的。」從漢字的發展和推廣過程中，我們也可以看到這種不斷融合變化的軌跡。中國多處發現大量商代晚期和西周時期的甲骨文，發現的商周時期的金文在時間、地域和數量上遠遠超過甲骨文，從各地發現的金文來看，在商代和西周時期，它們的字體和格式差異較小，原因是受到中央王朝有效的政治控制。到了東周時期，各地的「土」風文字盛行，各自有了自身明顯的風格。其實原先也不是完全沒有，只不過除了被統一管理的青銅和玉器資源外，其他文字載體沒有被遺留下來，我們看不到各自的文字特徵而已。東周時期，由於王朝政治失去了一統的局面，各地文化的本來面目都顯露無遺，

文字的書寫樣式多種多樣，風格很不一致。秦始皇滅亡六國後，統一文字，規定了國家統一的標準字體樣式，才較為澈底地清除了原來各國文字風格各異的現象。按照呂思勉的說法，篆書的篆，就是刻的意思，分為古文、奇字、大篆、小篆幾種。大篆又稱籀文，是周以前通行的字，與小篆大同小異。古文是大篆以前的文字，奇字是古文的一部分。

語言更是複雜，各個時期都存在官話和方言。官話如今叫做普通話，這是為了交流的方便，更是為了布政施令、加強管理而採取的措施，但從本質上來說，官話和方言都是各自有其歷史源流的語言形式，都有存在的平等性和尊嚴。如今有人笑話別人不會說普通話（以北京官話為基礎），說方言顯得很土氣，其實很沒有道理，原來大家說的其實都是方言土話，只是官方將其中心區域的方言定為官話，這一方言便成為通行的語言形式。漢唐長安的官話和北宋汴梁的官話想來與今天西安和開封的土話沒有很大的差異，那時的北京話也是土話，道理就是這麼簡單。

語言的統一是比較困難的，直到今天，中國大大小小的方言區依然很多，這都是自古以來歷代口口相傳的結果，相對封閉的自然地理環境使這種方言的生命力更加旺盛，今天的廣東、四川、河南、天津、東北等大區塊方言區就可以分出很多。在這些大的區塊中還可以分出很多的小方言區塊，例如山西就有很多方言區，甚至在一個縣域內都能分出多種方言。

其實這與自然環境和族群有關，交通閉塞，經濟相對落後，民風相對淳樸，族群相對單純，其方言相對保留時期較長，從方言之間的差別程度甚至可以分析出其族群關係的親疏遠近。客家人說的客家話多年來仍然保持著其原有的味道，可見語言之間的統一遠比文字要難，需要更長期的過程，甚至是永遠不可能辦到的事情。就像歐美英語區一樣，方言的差別也是非常大的，這是歷史發展自然而然形成的結果，這也是文化的一部分很重要的內容。西周時期山西地區的晉國及其他小國主要分布在晉南地區，由於自然地理和族群的原因，語言自然可以劃分為很多小的方言區域。直到近現代以

來，在晉南地區各地方言之間仍然存在著明顯的差異，這與自古以來多族群在相對封閉的自然環境中生產生活的現實是密切相關的。

龐杜墓地埋葬誰

二〇〇二年在臨汾市堯都區龐杜村附近發現了一處被盜的西周墓地，發掘了兩座墓葬。墓葬的方向一座為頭向北，一座為頭向西，或有殉人、殉狗和腰坑。在頭向北的墓葬中發現有青銅鼎、簋各一件，還有三件爵、兩件觚和一件尊等酒器，另外還發現有少量兵器、車馬器和工具，陶器為簋、罐各一件，在青銅鼎的內壁有「息父庚冊」銘文，另一件器物還見有「息父乙冊」。冊，就是作冊，是商周時期的史官。頭向西的墓葬被盜掘，殘存一件銅鼎和少量兵器等物。這兩座墓葬裡埋葬的墓主是什麼人呢？

從發掘的這兩座墓葬長三公尺、寬兩公尺左右來看，墓葬不大，隨葬品數量也不多，墓主人的級別並不高。從銅器銘文上使用國名，隨葬陶器中沒有陶鬲，有殉人、腰坑、殉狗，流行青銅酒器等現象來看，這些習俗都與商文化習俗比較接近。墓葬的年代為西周早期。青銅器銘文上的「息」是商周時期的一個國族的名字，息國族據以往的記載和考古發現，在河南省信陽市羅山縣和息縣。在羅山縣莽張鄉天湖村發現了商代晚期的墓地，出土的多件青銅器上有「息」字銘文，充分說明商代晚期息國族的中心在天湖村墓地一帶。西周時期的息國青銅器所見很少，目前知道的只有陝西省岐山縣京當鄉王家嘴 1 號墓葬出土過一件西周早期的「息父丁」鼎，傳世的姜卣及蓋的拓片也顯示該器為西周早期器物，但不知出處，那麼山西臨汾市龐杜村出土的這兩件西周早期息國族作冊的器物就顯得尤為珍貴。據文獻記載，息國在周武王時受封，為侯爵，我們推測周武王滅商以後，冊封他的弟弟到商代晚期息國故地，建立了以姬姓族群為主體的息國，但目前的考古發現還不足以證明西周息國就在天湖村一帶。

 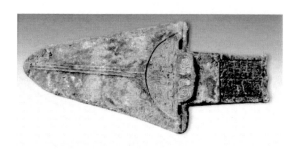

臨汾市堯都區龐杜墓地出土的商末周初銅方簋　　臨汾市堯都區龐杜墓地出土的商末周初銅戈

臨汾市堯都區龐杜墓地出土的西周早期銅鼎銘文

　　春秋時期，息國的中心遷徙到了信陽市息縣一帶，到春秋中期被楚國滅亡。息國桃花夫人息媯的故事千古傳誦，息媯為陳國公主，後嫁給息侯，後來又被楚文王掠去為妾，又稱桃花夫人。後人翎翼〈桃花嘆〉詩云：「帶雨香腮嬌欲滴，鴛鴦魂斷楚江西。桃花落盡春猶在，只願夫人不嘆息。」

　　讀來令人黯然神傷。從發掘結果來看，我們推測龐杜的這兩座墓葬的墓主與隨葬的息國族器物有著必然的聯繫，它們可能是商代晚期息國貴族後裔的墓葬，也就是說商代晚期的息國被滅以後，息國貴族也可能被遷徙到山西

臨汾市堯都區龐朴村一帶，他們在這裡生息繁衍，但仍然保留息國族舊有的埋葬習俗，至於這裡是否也稱息國或息氏，還有待考證。

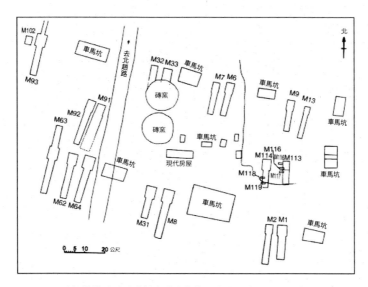

晉侯墓地平面圖（採自《文物》二〇〇一年八期四頁）

【巒父徙晉】

【西周時期的晉國】

【西周時期的晉國】

　　北趙晉侯墓地是一處獨立的墓地，面積近三萬平方公尺，與晉國普通的
貴族（卿大夫、士）及平民家族墓地 —— 曲村墓地不在一個地方，兩個墓地
間距約八百公尺，這在當時各諸侯國墓地中是一種比較特殊的現象。到目前
為止，西周時期周王的墓葬還沒有被發現，西周諸侯國國君的墓葬已經發現
不少，像衛國、燕國、虢國、芮國、應國、滕國、曾國、倗國和霸國等等。
儘管虢國墓地國君家族的墓葬與其他貴族和平民的墓葬間有一條界溝，存在
南北分隔的現象，絳縣橫水倗國墓地國君家族墓葬位於墓地的中部南北一
線，其他平民墓葬位於東西兩側，等等，但都沒有像晉侯墓地這樣澈底地獨
立出來，而且從西周早中期之際的燮父墓葬一開始就是這樣，一直持續到西
周末、春秋初年。

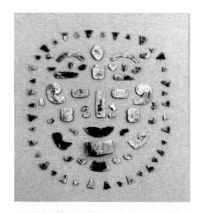

曲沃縣北趙晉侯墓地出土的西周玉覆面

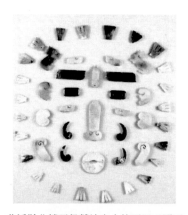

曲沃縣北趙晉侯墓地出土的西周玉覆面

曲沃縣北趙晉侯墓地出土的玉鹿

曲沃縣北趙晉侯墓地出土的玉鹿

曲沃縣北趙晉侯墓地 M62 西周玉飾

曲沃縣北趙晉侯墓地 M63 出土的玉羊

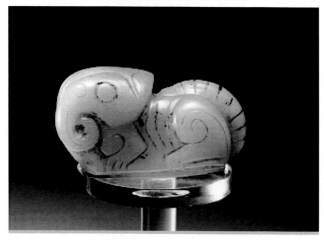

曲沃縣北趙晉侯墓地出土的玉羊

與北趙晉侯墓地相對的滏河南岸春秋早期的羊舌墓地，國君的墓葬也相對獨立，這說明當時階級的分化在晉國似乎更突出，國君嫡系家族的兆域似乎得到了更高的重視，君臣之分在墓地布局上更明確地體現了出來。曲村墓地是多族群和多家族的公共墓地，性質與晉侯墓地截然不同，它們是普通貴族和平民的家族墓地。《周禮‧塚人》：「塚人掌公墓之地，辨其兆域而為之圖。先王之葬居中，以昭穆為左右。凡諸侯居左右以前，卿大夫士居後，各以其族。凡死於兵者，不入兆域。凡有功者居前，以爵等為丘封之度，與其樹數。」

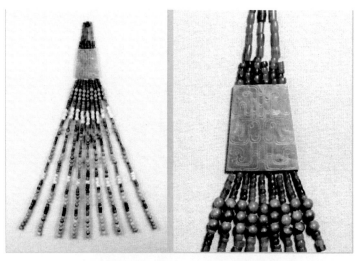

（左）曲沃縣北趙晉侯墓地出土的串飾
（右）曲沃縣北趙晉侯墓地出土的串飾局部

曲沃縣北趙晉侯墓地出土
的西周多聯璜玉珮

曲沃縣北趙晉侯墓地 M63 出土的玉人　　　曲沃縣北趙晉侯墓地出土的西周玉人

　　公墓是周王、諸侯和卿大夫、士的墓地。《周禮‧墓大夫》記載:「墓大夫掌凡邦墓之地域,為之圖,令國民族葬,而掌其禁令,正其位,掌其度數,使皆有私地域。凡爭墓地者,聽其獄訟。帥其屬而巡墓厲,居其中之室以守之。」邦墓是國民及其家族的墓地。這裡說的都是周王室和畿內的事情,可是研究者一般將這種王室和畿內的公墓、邦墓制度,都寬泛地套用到了諸侯國的墓地中來,嚴格地說,這樣理解公墓和邦墓制度,與文獻記載是不相符合的,當時的實際情況究竟是不是這樣,目前還不能確知。也就是說,北趙晉侯墓地和曲村墓地是不是所謂的公墓和邦墓,至少與文獻上的記載是不一樣的,至少北趙晉侯墓地不是文獻上所謂的公墓。

晉侯墓地的夫妻制

在天馬－曲村晉國遺址中，最值得一提的是北趙晉侯墓地的重大考古發現。一九八〇、一九九〇年代，中國經歷了一次盜墓高潮。晉侯墓地是一九九一年被盜墓者發現的，這個墓地在歷史上從未被盜掘過，完整地保存到一九九一年。發現被盜後，北京大學考古系商周組和山西省考古研究所聯合對該墓地進行了搶救性考古發掘，發掘工作斷續進行了十年，搶救發掘了九組十九座晉侯及其夫人的墓葬，其中有八座墓葬被盜，損失慘重，令人扼腕。這十九座墓葬，一般都是一夫一妻並穴合葬，只有一組墓葬六十二、六十三、六十四號墓是一夫二妻並穴埋葬，六十四號男性墓主有兩位妻子埋葬在其西側，應該是在正妻去世後續娶了一位妻子，其餘墓葬都採取一夫一妻的埋葬方式。南北向長方形墓道位於南部，墓室位於北部，一左一右，東西並列埋葬，這種埋葬方式叫做夫妻並穴合葬（西周末年有兩條墓道的，南墓道是主墓道）。直到今天，在晉南地區很多地方，這種並穴合葬的埋葬方式依然流行。西周時期的貴族，特別是高級貴族，流行一夫一妻並穴合葬，普通平民是沒有或不能使用這種埋葬制度的，這種埋葬方式在西周之前的夏商王朝時期還沒有明確的發現，其中的原因可能與西周的禮制、宗法和婚姻制度有關。

曲沃縣北趙晉侯墓地 M63 西周玉器出土場景局部

　　我們知道，西周時的貴族，特別是高級貴族，一般不可能就娶一位夫人，據東周文獻記載，諸侯「一娶九女」，當時實行的是一夫一妻多妾制，但在這眾多的妻妾中，正妻只有一人。為了維護正妻的地位和嫡長子繼承制的合法性，產生了正妻能夠埋入墓地兆域與其夫合葬，其餘眾妾或者陪葬，或者埋於其他地方的埋葬制度。北趙晉侯墓地六十四號墓墓主晉穆侯有兩位夫人埋葬在其西側，文獻上記載晉穆侯曾經娶了一位夫人齊姜，可能齊姜早亡，而其時晉穆侯尚在英年，續娶了另一位妻子。因為在六十三號墓葬中出土了一對銅壺，壺銘是「楊姞作羞醴壺，永寶用」云云，所以有人認為楊姞就是晉穆侯的次夫人，進而認為古楊國為姞姓，也與《左傳‧宣公三年》所謂的「姬姞耦，其子孫必蕃」相對應。

　　另外有一些學者認為楊姞是古楊國國君娶的一位姞姓妻子，她自作的銅壺送給晉穆侯夫人，後來埋葬到穆侯夫人的墓葬中，因而認為楊姞不是晉穆

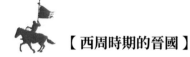

侯夫人，楊國不是姞姓。《新唐書‧宰相世系表》記載：「楊氏出自姬姓，
周宣王子尚父封為楊侯。」周宣王分封其子尚父是西周晚期的事情，這已為
考古發現的四十二年逑鼎所證實，也就是說姬姓楊國被封在周宣王四十二年
（西元前七八四年），此前的楊國可能不是姬姓。晉國和楊國都在晉南，兩
國之間存在交往也很正常，楊姞壺流傳到晉穆侯夫人的墓葬中並不奇怪，墓
主未必是楊姞。在六十三號墓葬中出土了四千多件玉器，堪稱中國西周玉器
的寶庫，各種組佩、串飾、人物、動物造型的玉器琳瑯滿目。

　　這種並穴合葬的現象還見於同時期的山西絳縣橫水西周墓地、河南三門
峽虢國墓地、河南浚縣辛村衛國墓地、陝西西安張家坡西周墓地、陝西寶雞
國墓地及近年發現的湖北隨州葉家山墓地等等，這種埋葬方式也許是西周貴
族的一種發明，與西周的禮制和宗法制度有著密切的關係。

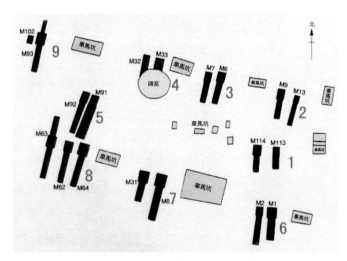

曲沃縣北趙晉侯墓地墓葬分布平面圖

墓主晉侯都是誰

　　北趙晉侯墓地不僅在墓地的獨立性方面具有特點，而且墓葬的排序也別具特色，引起很多學者的關注。除了一一三、一一四號墓位於墓地的東部中間外，這個墓地的墓葬並沒有實行左昭右穆的排列方式，而是從北面一排開始自東向西埋葬到三十二、三十三號墓，然後又折到中排西端的九十一、九十二號墓，之後再折到南排東端一、二號墓，南排又自東向西埋葬到最西端六十二、六十三、六十四號墓，最後又折到北排最西端九十三、一〇二號墓。這樣的埋葬順序和墓位安排不知道是基於哪種制度，但有一點是十分值得注意的，即從中排東端開始埋葬的這種順序，形成一個相對閉合的兆域形狀，但在中排中間位置還發現了一組帶有車馬坑的墓葬一一二、一三八號墓，這兩座墓葬是不帶墓道的南北向豎穴土坑墓，隨葬了三件銅鼎，墓主的身分或認為是未即位而去世的太子夫婦，即嫡長子「伯」的墓葬，比較特殊。在南排中部的八號墓葬中發現的青銅器銘文顯示墓主為晉侯穌，這是北趙晉侯墓地中發現的唯一能與《史記‧晉世家》記載的晉侯名字相對應的晉侯——晉獻侯。以這個晉侯為基點，根據文獻記載的晉侯世系和墓葬的時空座標，參考各墓葬發現的青銅器銘文，可以推測其他晉侯墓葬的墓主歸屬，這樣就將九組晉侯夫婦墓葬都納入了晉侯世系，同時也證明司馬遷《史記‧晉世家》記載的晉侯世系是大致正確的。有一點疑問就是在八號墓葬中還發現了另一位晉侯的名字，著名古文字學家裘錫圭先生將這個字釋讀為「斯」，認為是晉獻侯穌的字，這個晉侯名字僅見於八號墓出土的青銅簋和壺上，而晉侯穌的名字只見於八號墓的青銅鼎和編鐘上，有人認為這種現象可能是晉侯一名一字的客觀反映。但是在晉侯墓地其他青銅器上就沒有出現晉侯一名一字的現象，這也是難以解釋清楚的問題。

曲沃縣北趙晉侯墓地出土的西周晚期晉侯穌鼎

（左）曲沃縣北趙晉侯墓地出土的西周晚期晉侯穌鼎銘文
（右）曲沃縣北趙晉侯墓地出土的西周晚期晉侯穌鼎銘文

　　當然如果將晉侯墓地出土的青銅器銘文中的晉侯與文獻中記載的晉侯名字一一對應的話，就會發現還是存在晉侯名和字可以對應的現象，例如青銅器銘文中的晉侯僰馬與文獻記載的晉侯福（輻），青銅器銘文中的晉侯對與文獻記載的晉侯宜臼，等等，這些實例可以作為旁證，也能說得過去。因此，最後的研究結果認為，最早的一組墓葬一一三、一一四號墓是晉侯燮父夫婦墓，以下依次是：九、十三號墓主是武侯夫婦，六、七號墓主是成侯夫婦，三十二、三十三號墓主是厲侯夫婦，九十一、九十二號墓主是靖侯夫婦，一、二號墓主是僖侯夫婦，八、十三號墓主是獻侯夫婦，六十二、六十三、六十四號墓主是穆侯夫婦，九十三、一〇二號墓主是文侯夫婦。

　　一一二、一三八號墓主可能是西周中期的某位太子夫婦，令人不解的是，這一組不帶墓道，隨葬品數量不多，但有車馬坑陪葬的墓葬，為什麼埋葬在墓地的中心位置。

在北趙晉侯墓地以南滏河南岸的羊舌晉侯墓地目前僅發現兩組晉侯夫婦墓葬，其中發掘的一、二號墓主可能是昭侯夫婦，另一組三座墓葬僅做了考古勘探，沒有進行發掘，應當是另一位春秋早期的晉侯夫婦墓葬。

1、2. 曲沃縣北趙晉侯墓地 M8 出土的西周晚期銅方座簋

3. 曲沃縣北趙晉侯墓地 M8 出土的西周晚期銅方座簋銘文拓片

4. 曲沃縣北趙晉侯墓地 M8 出土的西周晚期銅方壺；5. 曲沃縣北趙晉侯墓地出土的西周銅方壺

6. 曲沃縣北趙晉侯墓地 M8 出土的西周晚期銅方壺圖

（左）曲沃縣北趙晉侯墓地 M8 出土的西周晚期銅方壺局部

（右）曲沃縣北趙晉侯墓地 M8 出土的西周晚期銅方壺銘文拓片

古代文化變革的推想

　　北趙晉侯墓地九組十九座大型墓葬中，有八座被盜掘，其中最慘的要數六、七號墓，三十二、三十三號墓，一、二號墓這幾組，六座墓葬幾乎被盜空，為考古研究造成了不可估量的損失。所有九組十九座墓葬中，除了九十一、九十二號這一組墓主頭向南以外，其餘墓葬墓主的頭向均朝北。形成這種現象的原因目前還不清楚，似乎九十一、九十二號墓主頭向南與墓葬的早晚排序走向有一點關係。但是「甲」字形墓葬的墓道都位於墓室的南部，「中」字形墓葬也是以南墓道為主墓道，這一點始終沒有改變。還有晉侯墓地最早的一組墓葬一一三、一一四號墓，與緊接其後的一組九、十三號墓，它們的墓位是男右女左（男西女東），它們的車馬坑雖然與其他組墓葬一樣位於墓葬的東面，但這兩組墓葬的車馬坑為南北向，而較晚的其他組墓葬的車馬坑均為東西向，墓位均為男左女右（男東女西），除此之外，第一組的一一四號墓還有殉葬狗與殉葬人，而其他所有晉侯夫婦墓葬都沒有這種現象，這是什麼原因呢？

（左）曲沃縣北趙晉侯墓地出土的西周銅盉
（右）曲沃縣北趙晉侯墓地出土的西周銅筒形器

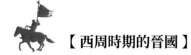

我推測在九、十三號墓與六、七號墓之間進行過一次埋葬制度的變革，這次變革是否與周穆王時期的禮制變革有關，尚需探討。我們知道，商人是使用殉人的，而周人一般是不使用這些習俗的，按照《左傳》分封唐叔虞時「啟以夏政，疆以戎索」的說法，周王給唐或晉國的政策，顯然是對商文化採取了貶抑的態度，因此在晉文化的中心

曲沃縣北趙晉侯墓地出土的西周銅盉圖

區域天馬－曲村遺址和墓地幾乎不見商文化的特徵性器物，例如分襠方唇陶鬲等，大量使用的是周文化的聯襠圓唇陶鬲。

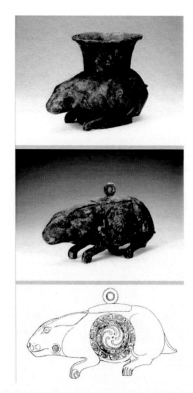

1. 曲沃縣北趙晉侯墓地 M8 出土的西周晚期銅兔尊
2. 曲沃縣北趙晉侯墓地出土的西周晚期兔尊；3. 曲沃縣北趙晉侯墓地出土的西周晚期兔尊圖

周武王滅商以後，分封了許多國家，這些國家分封在其勢力範圍內遠近不同的各個地方，但是這些封國大都使用與周文化相似的器物，我們稱之為周文化特徵。

　　其實史前和其他朝代的文化也都具有同樣或類似的現象，這是什麼原因呢？僅僅用某一「文化特徵」來解釋似乎還不足以說明這個問題，關鍵問題是形成這種現象的原因是什麼呢？為什麼到西周早期周文化區域內各地出現的器物風格大致相似？難道周人有那麼多的工匠被分配到各個國家去製造這些器物？顯然不是這樣，區區「小邦周」也不會有那麼多的工匠，那就只有一種途徑可以解決這個問題，即召集各國的工匠到周人那裡學習這種手工業製作技術，規範製作工藝，也就是說，周人為了推行其統治，加強管理，採取了一系列措施進行「文化變革」。我們推測，周人在建國之後不久，可能組織了一系列的「培訓學習」，制定了一系列的改革措施，其中就包括製陶工藝和技術的培訓學習與推廣應用。不僅陶器如此，其他方面也一樣，像青銅資源的開採、冶煉及青銅器的製作，恐怕進行了更加嚴格的控制與管理，玉器資源也一樣，制定了統一的標準化生產管理體制。《周禮‧考工記》中有冶氏、桃氏、鳧氏、陶人、瓬人等章節，都是規範製作的管理者。雖然《考工記》記述的多是東周的制度，恐怕西周也有一套與之相似的管理辦法。在周文化控制區域以外，各自的文化特色就表現得非常明顯，它們顯然不受這些制度和管理方面的約束，這就表現出周文化區與非周文化區在文化上的顯著差異，只有進行這樣的「文化變革」，周人的禮制與文化才能得以推行貫徹，周文化的傳統才能得以繼承和發展。

兩周政治大不同

　　西周時期，王朝在政治上對其轄區（無論畿內還是畿外）的控制管理還是比較嚴格的，各諸侯國也還嚴格遵守周禮和宗法制度，輕易不敢越禮犯規，可以說西周是遵守規矩的西周，不像東周那樣，天子徒有其名，大多時期只具有象徵性意義。西周王朝雖然給了各個大小諸侯國和邦國獨立自主的統治權力，但同時也對其責任和義務進行了明確的規定，王朝經常委派官員對各諸侯邦國進行巡視和管理，並且建立了一套朝聘、冊命等具體內容的管理制度。可以說西周早中期王朝對於列國的統治與管理還是相當嚴格和強勢的，西周早中期各諸侯國的器物風格比較一致，文化共性比較明顯，特色比較罕見，也反映出王朝統一政治的影響力之大。但到了西周晚期，隨著西周王朝的日趨腐敗衰弱，暮氣日濃，各國自身的文化因素就開始滋生繁衍。周幽王被殺，平王東遷，二王並立，天子的威信一落千丈，王室自顧不暇，難以自保，各諸侯國就開始放肆起來了，擴張、滅國、弒君之風席捲而來，周初制定的周禮日漸衰落，文化風氣為之大變，原本造型、工藝等文化面貌較一致的器物，如青銅器、陶器、玉器等等，都表現出各地自身明顯的特色，原來那種束縛突然瓦解了，原有的控制管理系統再也不能很好地發揮作用了。這種現象從一定程度上來說是一種思想解放，因此文化特色如雨後春筍般突現，衝破了傳統禮制規矩的束縛。這實際上是一場政治變革，可以說東周是放肆的東周。雖然西周和東周都屬於周代，但兩周在政治、禮制、宗法和文化上都存在較大差別，因此絕不能用東周或漢代文獻上的記載來削足適履式地套合西周的考古發現，而應該以考古發現為本，文獻記載為末，研究總結西周真實的歷史，否則只能帶來更大的混亂。

晉獻侯穌不得了

　　由於當時的各種原因和條件制約，沒有對晉侯墓地進行全面的揭露式發掘，導致墓葬之間的一些遺跡現象及其相互關係無法釐清，也就是說在各組墓葬之間還有沒有其他的陪葬墓或祭祀坑等現象，現在無法確知。但透過墓葬內的出土器物及墓葬間的空間位置關係等，將這九組十九座晉侯夫婦墓在時間上大致排定：一一四、一一三號墓主為第一代晉侯燮父夫婦，九、十三號墓主為晉武侯夫婦，六、七號墓主為晉成侯夫婦，三十二、三十三號墓主為晉厲侯夫婦，九十一、九十二號墓主為晉靖侯夫婦，一、二號墓主為晉僖侯夫婦，八、三十一號墓主為晉獻侯夫婦，六十四、六十二、六十三號墓主為晉穆侯夫婦，九十三、一〇二號墓主為晉文侯夫婦。在穆侯和文侯之間還有一個殤叔，他是穆侯的弟弟、文侯的叔叔，在位四年，但是沒有侯位，死後謚稱殤叔，他為什麼沒有埋葬在北趙晉侯墓地裡面呢？一般解釋為，按照周代禮制，死於非命，特別是被殺的人，即所謂「死於兵」，是不能夠埋入墓地兆域的，而晉殤叔是被文侯殺死的，因此不能享有這種待遇。又比如後來被殺的晉厲公，用一輛車陪葬，被單獨埋葬到了晉國故都翼的東門外面，而沒有埋入晉國國君的墓地。目前所見，晉國國君死後都有車馬坑陪葬，車馬坑一般都位於墓室的東面。

（左）曲沃縣北趙晉侯墓地 M8 的彩繪車；（右）曲沃縣北趙晉侯墓地 M8 的彩繪車清理

（左）曲沃縣北趙晉侯墓地 M8 的車馬坑發掘；（右）曲沃縣北趙晉侯墓地 M8 的車馬坑彩繪車

（左）曲沃縣北趙晉侯墓地 M8 的車馬坑裝甲片車；（右）曲沃縣北趙晉侯墓地 M8 的車馬坑發掘現場

曲沃縣北趙晉侯墓地 M8 的車馬坑 21 號車車輿外彩繪

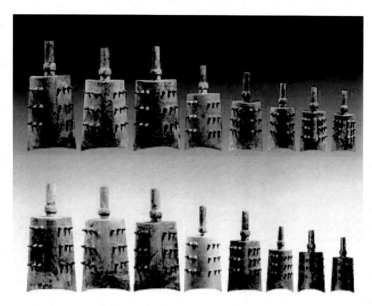

曲沃縣北趙晉侯墓地 M8 出土的西周晚期晉侯穌鐘

曲沃縣北趙晉侯墓地 M8 劫餘的兩件晉侯穌鐘

　　在晉侯墓地發掘了一座車馬坑，這座車馬坑是專門為八、三十一號晉獻侯穌夫婦陪葬的車馬坑，在北趙晉侯墓地是最大的一座，也是目前中國已經發掘的西周時期墓葬車馬坑中最大的一座。這座車馬坑東西長二十一公尺，

南北寬十五公尺左右，車坑和馬坑中間有一條較窄的夯土隔梁，馬坑在東，車坑在西，共埋入四十八輛車和至少一〇五匹馬，其中有些車的車廂外裝有護車銅甲片，可稱為「裝甲車」，有的車廂外飾有彩繪，裝飾華麗。按照當時一車兩馬的配置，四十八輛車應配備九十六匹馬，看來有的車可能配備四匹馬，即所謂的四駕馬車，但無論配置兩匹馬還是四匹馬，所得馬匹數量應該是偶數才是，可這個馬坑陪葬有一〇五匹馬，可能是對雜亂無章甚至有疊壓的馬骨計算上的不準確所致（當時也有個別車是駕三匹馬的）。

關於這些公馬的諸多問題目前還缺乏深入的研究，而且對這座車馬坑的現場保護將會面臨很多問題，因為對土遺址和獸骨的保護目前在國際上還缺乏成熟的經驗。從晉侯穌墓葬陪葬的車馬坑規模來看，晉獻侯是一位很有作為的君主。

傳世文獻上關於晉獻侯穌的記載極為簡略，我們對這樣一位叱吒風雲的晉國國君知之甚少，所幸在被盜的晉獻侯穌的墓葬中還發現了大量劫餘的器物。

其中有兩件青銅小編鐘，正好與上海博物館從香港購回的十四件編鐘屬於一套，共十六件，八件一組，共兩組，每組前兩件鐘與後六件形制不同，每件鐘上都有後來刻上去的銘文，合計三百五十五字，內容講述了晉侯穌隨周王討伐東方宿夷的故事，其中有「王親令晉侯」、「王至晉侯穌師」、「召晉侯穌」、「王親賜駒四匹」、「王親儕晉侯穌秬一卣、弓矢百、馬四匹」的文句。從銘文可以看出，晉侯穌率領軍隊英勇作戰，在四次戰鬥中共殺死敵人四百八十人，俘虜一百一十四人，取得了巨大的勝利，受到了周王的嘉獎，可見晉侯穌是一位了不得的晉國國君。值得注意的是，這兩組編鐘不是晉侯穌製作的，它們可能來自南方，銘文是後來在鐘上鑴刻的，鐘銘最後說「穌其萬年無疆，子子孫孫永寶茲鐘」，也與這種認知是一致的。

晉侯鳥尊的故事

　　特別令人痛心的是，晉侯墓地中排東部的一對大墓一一三、一一四號墓，在考古勘探時竟然被遺漏而未發現，而在晉侯墓地被認為發掘工作已經告一段落的四年之後，一九九八年讓盜墓分子鑽了漏洞，將一一四號墓葬盜掘。被盜的這組墓是目前晉侯墓地已發現的年代最早的墓葬，被研究者考定為晉侯燮父夫婦的墓葬，其中出土的叔矢方鼎、晉侯鳥尊等都是這組墓葬的代表性器物。晉侯鳥尊蓋及器內各有一篇內容相同的銘文，內容是「晉侯作向大室寶尊彝」。北京大學考古文博學院的孫慶偉先生認為這個「向」可能是晉都的名稱，我認為它應該是唐叔虞廟的名字。我們知道，「大室」就是宗廟，「向大室」就是「向」地的「大室」，正如故絳時期曲沃的宗廟一樣，晉文公死後還要「殯於曲沃」，就是在曲沃宗廟停屍的意思。這個「向」可能在叔虞被冊封的唐都，也可能在剛遷來不久的晉都，即天馬—曲村遺址一帶，但它的具體位置目前還難以確定。這件鳥尊的形態與以往所見鳥尊不同，頭部作回首顧盼狀，背上有一個鳥形蓋，尾部有一個象首，長鼻內卷，造型奇特而優美大方，是一件不可多得的上乘之作。由於發掘時象鼻子中間一段斷落於墓葬塌陷的填土中，另外包裝收集，修復的時候未找到這一殘段，修復者推測象鼻子是向內卷的，並做了復原，後來在整理時發現了這個殘段，但鳥尊已經復原了，目前這一截象鼻子殘段還沒有與晉侯鳥尊整合，至於這件鳥尊的長鼻子是內卷還是外卷，現在還是一個謎。有趣的是，二〇一〇年在翼城縣大河口霸國墓地的發掘過程中，我們在二〇〇二號大墓中發現了一件鳥形盉，這件盉蓋內有一篇五十餘字的銘文，講述了「乞」這個人向君主起誓的事情。這件鳥形盉的腹下部也有一個象鼻子足，這個足的象鼻子是向外卷的。在大河口墓地一〇一七號墓葬中發現的一件霸伯尚盉，下面的三個足的象鼻子也是向外卷的。

在傳世的很多件青銅器上都有象鼻子足，絕大部分象鼻子是朝外卷的，但也有少數象鼻子向內卷，著名的西周青銅器班簋就是這樣。

（左）曲沃縣北趙晉侯墓地 M114 出土的西周早期銅鳥尊
（中、右）翼城縣大河口墓地 M2002 出土的西周中期銅鳥盉

（左）翼城縣大河口墓地 M1017 出土的西周中期銅尚盉
（右）翼城縣大河口墓地 M2002 出土的西周中期銅鳥盉蓋內銘文

（左）翼城縣大河口墓地 M1017 出土的西周中期銅尚盉銘文（右）傳世的西周早期銅班簋

青銅器種類淺說

　　青銅器的產生大約是從夏代前後開始的，此前的銅器大多還不能算作真正的青銅器。夏代青銅器已經開始成為禮器了，禮器就是與禮制有關的青銅器、玉器等物。其實禮儀制度早在原始社會就已經存在了，只不過不同時期禮儀制度的內容不同罷了。例如新石器時代墓葬中隨葬的玉石刀穿孔的數量大多數都是奇數，玉石刀的個體大小不等，穿孔數量三、五、七、九不等，這與青銅時代的用鼎制度極其相似。玉鉞、玉琮和彩陶等等大多也是禮器，實際上它們都只不過是禮儀制度外在表現物的一小部分內容而已。青銅器產生以後，為了滿足人們的生產生活和精神需要，不斷製造出各種食器、酒器、水器、樂器、兵器、工具、車馬器及其他器物，其中食器、酒器和水器一般又合稱為禮器，它們是供宴饗、祭祀或喪葬使用的主要器物，與貴族們日常生活息息相關。食器又可以劃分為炊煮器（如鼎、鬲、甗等）、盛食器（如簋、、盆等）。我們知道酒的釀造在原始社會就已經產生，半坡和廟底溝文化時期的尖底瓶就是一種水器和酒器。青銅酒器在夏代後期已經出現，商周時期酒器的種類很豐富，有盛酒器（如觚、尊、卣、壺、罍、舫等）、溫酒器（如爵、盉、斝等）、飲酒器（觚、爵、觶、角等）、挹酒器（如斗、勺等），其中有的酒器同時具有幾種功能，比如大家熟知的三足爵，它既是溫酒器，又是飲酒器，可能還作為分酒器。先秦時代恐怕還沒有發明或普遍使用我們現在常用的筷子，經常用手來抓取食物，這樣就需要隨時淨手，因此水器在日常生活中必不可少，成為人們日常使用的生活用器。常見的青銅水器有盤、盉、匜等。樂器早在新石器時代或更早就已經產生，例如陶塤和石磬等。樂器一般都是貴族日常生活和廟堂祭祀必備的器物，因此也是非常重要的，如青銅鐃、青銅編鐘、石編磬等。目前發現最早的青銅編鐘年代屬西周早期晚段，即昭王時期。兵器種類繁多，數量龐大，是冷兵器時代人們為了各自利益而發明的殘殺的武器。文明的進步是需要付出慘痛代價的，無

數無辜的生命在這些寒氣逼人的武器之下悄然離去，而這類器物又成為貴族炫耀其等級、身分和地位的一種象徵。在有些地位顯赫的貴族墓葬中，已經發現了大量各式各樣的兵器，太原晉陽趙卿墓葬中就隨葬了近八百件兵器。按照文獻上的記載，「禮樂征伐自天子出」，貴族的榮耀有的直接來自天子的賞賜，在賞賜其征伐大權的時候，往往會賜給這位貴族斧、鉞、弓、矢若干，可見兵器在當時貴族的日常生活和喪葬禮儀中都是十分重要的一類器物。常見的兵器有戈、鏃、矛、斧、鉞、劍、戟等，其中青銅斧、鉞還常常作為刑具來使用。工具是人們日常生產的用具，其重要性自不待言，在墓葬中隨葬的很多工具與馬車直接相關，或者說其中很多都是用來製造或修理馬車的，如鑿、錛、斧、鏟等。車馬器是青銅器中的一個大類，種類複雜，數量龐大，不同時期車馬器的種類和樣式有所不同，它們的名稱也十分繁多。另外還有一些日常使用的器物，比如帶鉤、銅鏡及青銅錢幣等等，我們都納入青銅器的其他類別中了。

青銅鼎的種類和用途

青銅鼎是青銅禮器中最常見的一種器物，目前見到的最早的銅鼎屬於夏代晚期，在新石器時代中期就有陶鼎。以鼎為成語和典故的例子有很多很多，如鼎鼎大名、三足鼎立、鐘鳴鼎食、革故鼎新、一言九鼎、問鼎中原、鼎力相助等等。鼎是一種炊煮食物的器具，從造型上來說，有圓形的和方形的兩種。方形的鼎一般屬於重要的禮器，與擁有者的權力和地位密切相關，在墓葬中出土，代表墓主的地位較高，具有等級和身分的象徵意義。方鼎主要流行於商代和西周早中期，西周晚期比較罕見。商代早期的方鼎已發現了很多，如在河南省鄭州市和山西省平陸縣前莊發現的青銅大方鼎，又如商代晚期著名的司母戊大方鼎（高一百三十三公分，重量達到八百七十五公斤）。

太原市趙卿墓出土的附耳蹄足大銅鼎

　　雖然目前還沒有見到夏代的銅方鼎，但是傳世文獻中有夏禹鑄九鼎的傳說故事，這九鼎傳說如果是真的，那一定也是方鼎，而不是像《史記-楚世家》記載的那樣是三個圓鼎和六個方鼎（「三翩六翼」）。圓形的鼎按其功能來說一般可分為三種，即鑊鼎、升鼎和羞鼎。鑊鼎，一般理解是大型的鼎，但並不見得一定是這樣，考古上就發現過有銘文為「鑊」的個體不大的銅鼎。

　　鑊鼎是用來煮牲肉的，比如烹煮牛、羊等牲，就是用這種大鼎來煮，當然方形大鼎也可以烹煮。鑊鼎也是一種刑具，在古代也可以用來烹煮活人，例如西周中期偏晚的周夷王就用鼎烹殺了齊哀公。又如晉文公為了報復他在流亡時鄭文公的不禮遇，要烹煮鄭國參與盟會的大夫叔詹，叔詹手扶鼎耳，大聲疾呼：「自今以往，知忠以事君者，與詹同。」意思是從今以後，用智慧和忠誠為國君效力的下場就跟我叔詹一樣。晉文公這才沒有殺他，叔詹倖免於難。如此看來，這種能夠烹煮活人的鼎，個體一定很大。一般來說，在鑊鼎中將牲肉煮熟，然後用匕（一種扁平的有大有小的勺子）和（一種較長的筷子）等物將牲肉撈到升鼎中祭祀或食用。升鼎也叫正鼎，一般是由大到小排列或大小相同的一套鼎，大多為奇數，當然使用的時候下面也是可以用火加溫的，在西周晚期和東周的墓葬中經常見到這種青銅或陶製的升鼎。羞

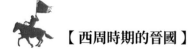

鼎也叫陪鼎，比較小，一般用來盛放各種醬、菜和羹等食物，與升鼎配套使用。除此以外，文獻還提到一種青銅鼎——銅鼎，它可能是陪鼎的一種。

銅鼎在墓葬中成套隨葬數量的多少，與墓主人的地位和身分有密切的關係。

東周及漢代禮書上記載，天子九鼎，諸侯七鼎，大夫五鼎，元士三鼎或一鼎，指的就是升鼎。這種記載只能大致反映東周某一時期某一地域的實際情況，與西周時期的用鼎情況大多不相符合，東周也不都是那個樣子。像太原市晉源區金勝村二五一號趙卿墓，隨葬了好幾套銅鼎，升鼎的數量是七個，有人用趙卿僭越周禮來解釋，其實那是遷就文獻記載的一種說法，並不見得真是這樣，隨葬七鼎作為升鼎，更多反映的是當時禮儀用鼎的實際情況。但不管怎麼說，銅鼎在當時貴族的日常生活中的確是一種重要的禮制用器，宴饗、祭祀和喪葬常常要以它作為重要的載體，彰顯貴族的身分和地位，普通老百姓是沒有資格享用的，這也是「禮不下庶人」的一個很好的註腳。

方鼎原來地位高

在北趙晉侯墓地一一四號墓葬發現的叔矢方鼎共有銘文四十九字，內容為「隹十又四月，王大，才（在）成周，咸。王乎殷氒（厥）士，賞（？）弔（叔）矢以衣、車馬、貝卅朋。敢對王休，用乍（作）寶尊彝，其萬年對揚王光氒（厥）士」。它記載的是叔矢（虞）在成周洛邑接受周王賞賜的故事。這是一件典型的西周早期器物。我們知道，方鼎一般都發現於較高級別的貴族墓葬中，是墓主身分和地位的象徵物，具有特殊的意義。在較晚的文獻記載中有夏鑄九鼎、泗水撈鼎等故事，今本《竹書紀年》中有「遷九鼎於商邑」、「九鼎淪泗」的記載，《左傳》中有「鼎遷於商」、「武王克商，遷九鼎於洛邑」的記載，後來當楚國強盛的時候，楚莊王觀兵周疆，曾經「問鼎中原」，就是問九鼎的大小和輕重，表明他敢於向周王室挑戰，意欲奪取

王室天子傳國的寶器。這些故事都充分說明方鼎被賦予一定的象徵含義，在
宗廟祭祀和埋葬制度上具有特殊的意義，並不是所有貴族都可以隨隨便便使
用。還有一個特別值得重視的問題是一一三、一一四號墓正位於三排墓葬的
中排最東部。

（上）翼翼城縣大河口墓地 M1017 出土的西周銅方鼎
（下）翼翼城縣大河口墓地 M1017 出土的銅方鼎銘文

翼城縣大河口墓地 M1 出土的西周銅方鼎

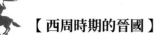

　　我們知道，東周文獻中有所謂的昭穆制度的記載，《周禮‧塚人》：「塚人掌公墓之地，辨其兆域而為之圖。先王之葬居中，以昭穆為左右。凡諸侯居左右以前，卿大夫士居後，各以其族。凡死於兵者，不入兆域。凡有功者居前，以爵等為丘封之度，與其樹數。」就是說先王埋葬在中間，子居左，孫居右，依次排列。這裡說的是王室的情況，所謂的公墓與邦墓，在諸侯國是不是也像王室那樣，我們並不清楚，但是在北趙晉侯墓地發現的九組十九座晉侯及其夫人的墓葬排列情況，與文獻記載的昭穆制度顯然不一樣，這裡的墓葬排列大體上呈「S」形。

　　到目前為止，在所有已發掘的西周列國墓地中沒有發現文獻上記載的這種昭穆制度的實例，當然西周王陵尚未找到也是事實。關於昭穆制度，已故的著名歷史學家李衡眉先生有深入的研究，有興趣的讀者可以參看他的著作。最近兩年在湖北省隨州葉家山墓地的西周早期曾侯墓葬中發現了較多的方鼎，在山西翼城縣大河口墓地一號和一○一七號墓葬中也發現有多件方鼎，這些小國重視用方鼎隨葬，在一定程度上超過了晉國等華夏國族，其中的原因還有待深入研究。

用鼎一定有制度

　　曲沃縣北趙晉侯墓地還有一個隨葬鼎數多少的問題，最早的一一三、一一四號墓，年代界於昭王和穆王時期，雖然目前發表的資料還不完整，但我們知道該墓地到了西周晚期出現了五鼎四簋或五鼎六簋的列鼎制度。列鼎制度是指鼎的形制、花紋相同或相近，大小相同或相次的一套鼎，一般由三個、五個、七個、九個或十一個組成，數量為奇數，與此相配的簋的數量一般為偶數，形制、花紋和大小相同。目前考古發掘的墓葬中所見到的最早的實物，是陝西省寶雞市國墓地茹家莊的一號墓出土的五鼎四簋，這座墓葬的年代是西周中期穆王晚年。到了西周晚期，使用列鼎隨葬的現象大量出現。

曲沃縣北趙晉侯墓地 M8 出土的西周晚期晉侯穌鼎及銘文

　　東周時期，這種現象愈加普遍，甚至有很多仿照青銅禮器製作的陶器，即所謂的仿銅陶禮器，也被用來隨葬。一般來說，在同時期墓葬中隨葬鼎的數量越多，表明墓主人的等級和身分地位越高，按照《公羊傳》中東漢今文經學家何休的注釋，天子使用九鼎、諸侯七鼎、大夫五鼎、元士三鼎來隨葬。雖然目前還沒有發現周天子的墓葬，但已經發現了很多諸侯的墓葬，像在河南三門峽市發現的虢國墓地，年代為西周晚期至春秋早期，國君就使用了青銅製作的七鼎六簋來隨葬，似乎是符合文獻記載的這種制度的。而北趙晉侯墓地西周晚期墓葬使用的卻是五鼎四簋或五鼎六簋的搭配形式，因此有人就說晉侯的用鼎是大夫級別，不符合國君的等級身分，也就是說他認為這些墓葬主人不是晉侯，而是晉國的卿大夫一級的貴族。其實這是一種誤解，正如前文我說的那樣，不能用文獻記載的東周制度來套合考古發現的西周的情況。何休是東漢人，他距離西周已經很久遠了，比他早幾百年的春秋晚期的孔子對於西周的禮儀制度已經不甚了解了，儘管當時何休能看到一些早期的文獻，但西周時候的書（簡牘、帛書之類）可能已經在多次劫難之後所剩無幾了，他所說的更像是東周時期一般的用鼎制度。也許有人會問，既然如此，那麼兩周之際的虢國國君怎麼就使用了七鼎六簋呢？難道當時晉國國君

的地位還不如虢國國君嗎？答案是肯定的。事實上虢國位於畿內，晉國位於畿外，有人認為虢國就不應該稱國，虢國墓地應該叫虢公墓地。其實畿內畿外倒無所謂，畿內諸侯稱國也無不可，按照《周禮》的記載，雖然畿內實行的是采邑制度，但也可稱畿內諸侯，芮國也在畿內，畿內還有很多采邑主，如召、毛、畢、榮、定、單、劉、尹、原、井、溫等等，重要的是數代虢公曾為王朝卿士，屬於公爵一級，與侯相比，顯然要高一個等級，虢公使用七鼎與晉侯使用五鼎，正好與其公、侯的身分地位是相當的。關於周代是否存在所謂的公、侯、伯、子、男五等爵位的問題，在歷史和考古學界長期以來是存在爭議的。其實等級制度也有一個形成和完善的過程，也存在時間、地域、族群和管理等方面的差異，正如長期以來周王室和華夏諸侯都把秦、楚、吳、越等國族視為非華夏族群，這些國家也不把自己當作華夏族群來看待，這在傳世文獻上有明確的記載，其中也有一個認同和融合的過程。

曲沃縣北趙晉侯墓地 M92 出土的西周晚期銅鼎

雖然中原華夏族群與四方民族在語言、服飾、產業和習俗上存在一定的差異是客觀存在的事實，但華夏族群與其他族群的融合過程從來就沒有停止過。融合有多種多樣的方式，例如周代實行「同姓不婚」，因此就要與異姓族群聯姻，聯姻就是融合的一種方式，不僅是血統的融合，而且是文化與習

俗的交流。有學者認為西周多數婚姻是政治聯姻，我看這種異姓聯姻大多未必僅僅是主觀上的訴求，客觀上也必須這樣，只有如此，種群才能進化，族群體質才能最佳化，比如姬姓的周人就多與姜姓、姞姓、姒姓、媿姓等大量異姓族群聯姻，而且當時盛行兩個族群互婚，並且多代都是如此，這是原始社會族外婚的延續和發展。說到姬姓和姜姓聯姻，我們知道姜子牙（名尚）是齊國的老祖宗，他的女兒嫁給周武王，名叫邑姜或周姜，與武王生了個兒子取名叫虞，字子于（或認為是子干），也就是晉國的始祖唐叔虞，唐叔虞其實有姬姓和姜姓的血統，後來春秋時期齊桓公和晉文公相繼稱霸諸侯，因此有人就說姜子牙的血統確實不得了。

西周早中期雖然還沒有像後來那樣普遍使用列鼎，在周王朝統轄範圍內，用鼎還沒有像後來那樣整齊劃一，但這並不意味著當時沒有一定的用鼎制度，這種制度需要我們從考古發現的資料中去不斷地總結、歸納，比如西周早中期在墓葬中隨葬方鼎，就具有禮制上的意義，也就是說，當時人的埋葬用鼎不是一種隨意的行為，墓葬中隨葬的青銅禮器等，都具有一定的深層含義。目前已經發掘的大批西周墓地，特別是西周早中期的墓葬，為我們探索西周時期列鼎普遍出現前的用鼎制度提供了非常重要的實物資料。也就是說，西周早中期各諸侯國的用鼎一定有其自身的制度，只是還需要我們進行深入的研究而已。

商周墓道的重要性

北趙晉侯墓地從年代最早的一一三、一一四號墓葬開始，就在其南面帶有一條墓道，發展到兩周之際的六十三號墓，出現了帶兩條墓道的現象。我們知道，墓道也稱為羨道，是用來下葬的通道，有一定的禮制意義。目前在中原地區見到的最早的墓道是商代晚期的殷墟墓地。商周時期的墓道具有等級的意義，商王的大墓一般都帶有四條墓道，殷墟也有帶兩條或一條的，山

東青州蘇埠屯也發現帶四條墓道的大墓。周天子的墓葬雖然還沒有被發現，但在陝西周公廟發現的大墓就帶有四條墓道，這些墓葬雖然被盜嚴重，但其規模之大和等級之高在同時期的西周墓葬中無與倫比。北京房山區琉璃河墓地一一九三號大墓，雖然也有四條墓道，但均位於墓口的四角，較為狹窄，形制特殊，在其他諸侯國沒有發現。燕國墓地也有帶兩條或一條墓道的墓葬，其他西周墓地也有帶兩條墓道的，如河南洛陽北窰墓地、河南浚縣辛村墓地、河南鹿邑長子口大墓、陝西韓城梁帶村墓地、陝西長安張家坡井叔墓地等等。帶一條墓道的墓葬發現很多，山西曲沃縣北趙晉侯墓地大多數墓葬帶有一條墓道，山西黎城縣西關黎國墓地、河南平頂山應國墓地、河北邢臺葛家莊邢國墓地、陝西韓城梁帶村芮國墓地、山西絳縣橫水墓地等都發現有帶一條墓道的墓葬，但在河南三門峽虢國墓地的墓葬中都沒有發現墓道，山西翼城縣大河口墓地也沒有發現墓道，最近在湖北隨州葉家山西周早期墓地中發現有兩座墓葬帶有較短的墓道。

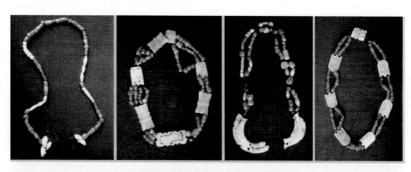

黎城縣西關墓地出土的西周玉串飾

（左）黎城縣西關墓地出土的玉虎
（中、右）黎城縣西關墓地出土的玉龍

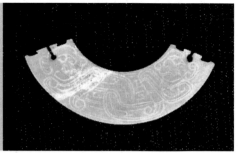

黎城縣西關墓地出土的玉璜

黎城縣西關墓地出土的玉鳥

　　這些墓道很容易使我們想起《左傳》中記載的「晉文公請隧」的故事，周襄王以「王章」拒絕。一般的理解，這個「隧」就是墓道，可是目前發現的晉侯墓葬都帶有墓道，到了春秋早期甚至都帶有兩條墓道，那麼晉文公所請求的「隧」應該理解為是周天子才可以使用的四條墓道的埋葬制度，遭到了周襄王的拒絕。晉文公的這種做法是在向周禮挑戰，不過晉文公提出的這個無禮要求對周天子來說確實有些過分，未被准許也在情理之中，這個周襄王還算是堅持了原則。在洛陽發現的東周時期帶四條墓道的墓葬，都是周天子的陵墓，可惜被盜十分嚴重。

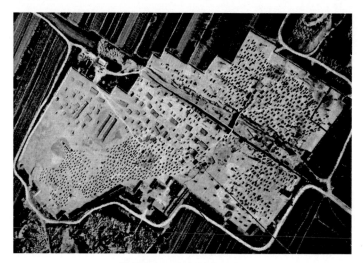

絳縣橫水西周墓地發掘全景

　　商周時期，凡是帶有墓道的墓葬，其墓主人的身分和地位一定是比較高的。帶有四條墓道墓葬的墓主，地位最高，一般都是王一級的貴族，帶有兩條墓道和一條墓道的墓葬大多是諸侯國國君或其夫人一級的貴族，一般的中小貴族和平民是不能使用墓道的，也就是說，墓道具有判別墓主身分和地位的功能。

絳縣橫水西周墓地發掘探方平面

但是反過來講，就未必如此，例如河南三門峽兩周之際虢國墓地的國君地位雖較高，但所有墓葬都沒有發現墓道，山西絳縣橫水西周墓地早期國君的墓葬也沒有墓道，到了中期偏晚，國君的墓葬才出現了墓道，但墓主的級別顯然是一樣的，山西翼城縣大河口墓地霸國國君的墓葬也都沒有使用墓道，因此可以說帶墓道的墓葬一定是高級貴族的墓葬，但不帶墓道的大型墓葬的地位也未必一定低於帶墓道的墓葬，具體情況還需要根據墓葬內的隨葬品等來做具體的分析。從這個意義上來講，商周時期的墓道具有重要作用。

晉文化排斥商文化

　　周成王滅唐，分封他的弟弟叔虞到唐地進行統治，其中大部分子民是唐人。唐人是商代晚期就已存在的唐國的人，甲骨文、金文和玉器銘文中就有「唐」國，在商代，除了自身特有的文化因素以外，不可能不受到商文化的浸染和涵化，因此在這群人中或多或少包含商文化的因素是正常的事情。姬周的叔虞帶領其族人來到這裡，帶來的文化肯定是周文化。還有一群人是周成王分封給叔虞的「懷姓九宗」，他們屬於媿姓狄人，帶來的是戎狄文化。這三群人的結合實際上是三種文化的融合，由此形成的新文化叫做晉文化，從理論上講應該是這樣，但在考古發現的西周時期的晉文化中，殷商文化的因素卻十分罕見。例如墓葬中俯身葬、殉人、大量殉牲和腰坑這些習俗，在安陽殷墟商文化墓葬中是常見的現象，但在天馬－曲村遺址卻非常罕見。我們知道，周人一般是不使用俯身葬、殉人和腰坑的，但在北趙一一四號晉侯墓葬中發現有殉人，而在其他晉侯和夫人的墓葬中沒有這種現象。在曲村墓地的兩座北向小孩墓葬中也發現殉人（墓葬六〇八〇、六一二三），這兩座小孩墓葬中殉人顯然屬於特殊現象，不能代表一般的北向周人墓葬。晉侯墓葬使用殉人，可能是晉國的第一代國君燮父繼承的唐地習俗，入鄉隨俗。還有就是一一四、一一三號墓組和九、十三號墓組車馬坑的方向為南北向、

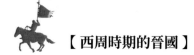

墓主男女性的位置為男西女東，與其後的其他晉侯夫婦墓組都不相同，這些現象說明晉國早期多少還是受到唐人習俗或文化的一些影響，也說明在九號墓組和六號墓組之間有過一次禮儀制度的變革，並且被長期延續下來，例如墓位變為男東女西（即男左女右），車馬坑的方向變為東西方向，且成為定制。在目前所見商文化墓地沒有發現明確的夫妻並穴合葬現象，而在晉侯墓地一開始就使用夫妻並穴合葬墓，這顯然是周人的一種習俗，不是商文化固有的因素。但在曲村墓地頭向東的唐人墓葬中也幾乎不見俯身葬、殉人、腰坑和殉狗這些現象，只是在頭向西的狄人墓葬中見到有腰坑和殉狗的現象（部分頭向北的男性貴族也有殉狗），這些狄人的文化其實早已被中原文化同化了，他們遺留有商文化習俗的因素倒不稀罕，這也是晉文化中包含商文化因素較多的族群。

在商文化的器物中，例如分襠陶鬲，在天馬─曲村遺址極為罕見，且不具有商式鬲的典型特徵，商文化陶器組合中的豆、簋組合在曲村也很少見，商文化傳統中青銅器較多使用的日名和族氏銘文，在曲村雖有發現，但這些青銅器多是分賜的器物或外來器物，而不是墓主的自鑄器物或族內器物。這些現象說明，一方面唐人（或是夏民後裔）居住在夏墟之地，因此要「啟以夏政」，晉國內外環以戎狄，因此要「疆以戎索」，商文化對這些族群可能也沒有太多的影響，這些族群原本對商文化可能也沒有太多的繼承；另外一方面就是我所說的文化變革，製作器物的統一培訓，標準化的製作模式，這場文化變革在晉國可能因為族群性質的原因，進行得比較澈底，而不像魯、燕等國那樣「猶抱琵琶半遮面」，商、周文化因素並存，其不同族群的墓地都涇渭分明，各自的文化特徵極為明顯，器物組合截然不同，周人與本地土著或殷遺民的墓葬判然有別，他們可能實行的是「因其俗」的做法，魯、衛等國即「啟以商政」，與晉國不同。晉國除了有較好的族群基礎外，在主動抑制商文化方面可能也做了大量的工作，因為唐人的作亂或與商武庚的叛亂有一定的關係，分封叔虞之時已經把唐的那些頑固守舊的貴族家族遷徙到了其

他地方，因此商人的傳統習俗在這裡難以占有獨立的地位，這與姬周唐叔虞對當地唐人和「懷姓九宗」狄人的統治方式密切相關。雖然曲村墓地頭向西的「懷姓九宗」狄人也使用腰坑和殉狗，但在其隨葬品中沒有發現典型的商式器物，而是周式器物充斥其中，這也說明在這裡以周文化為主體的晉文化對商文化具有強烈的排斥性。

晉南狄人知多少

二〇〇二年，上海博物館原館長馬承源先生在香港市場上購入一件西周中期的青銅鼎，這件青銅鼎內鑄造有一篇銘文，內容為：「佳（唯）七月初吉丙申，晉侯令（命）追於佣，休又（有）禽（擒）。侯釐眚、丑、戈、弓、矢束、貝十朋，受茲休，用乍（作）寶，其孫子子永用。」其中有「晉侯令追於佣」的語句，這個「佣」被馬承源先生考證為距離晉國不遠的地名，或是與晉國為敵的國家。二〇〇四年發現的絳縣橫水西周墓地被認為是佣伯或佣國的家族墓地。

這個佣國位於晉國國都的西南，是一個媿姓狄人所建立的國家。墓地面積三萬餘平方公尺，發掘西周墓葬一百二十九座，其中隨葬青銅禮器的墓葬八十多座，共發現帶一條墓道的「甲」字形墓葬三座，其餘墓葬均為豎穴墓，沒有墓道。陪葬的車馬坑共二十多座，均位於主墓的東側，為南北方向。墓主隨葬的青銅鼎少則一件，最多的為八件，從西周中晚期的墓葬來看，佣伯一般隨葬三件鼎，但這三件鼎不是一套，也就是說該墓地不存在所謂的列鼎。佣國墓地東西向的長方形墓穴，墓主頭向西，有腰坑、殉人和俯身葬的埋葬習俗，都表明這是一處有別於華夏周人族群的墓地。青銅器銘文顯示他們就是媿姓狄人，但這些媿姓狄人並不是分封唐叔虞時文獻上所說的「懷姓九宗」。「懷姓九宗」是封賜給唐叔虞的人民，是有一定地位的晉國國人。

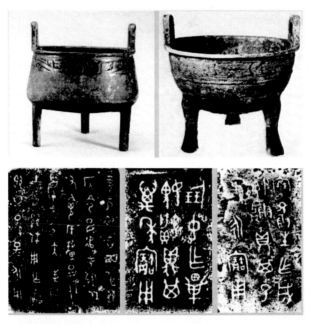

1.上海博物館收藏的西周中期鼎 ; 2.上海博物館收藏的西周中期鼎銘文
3.傳世的佣伏生鼎 ; 4.傳世的佣仲鼎銘文 ; 5.傳世的佣伏生鼎銘文拓片

　　在春秋早期晉鄂侯被迫逃奔到「隨」地以後，文獻上記載「翼九宗、五
正、頃父之子嘉父，逆晉侯於隨，納諸鄂」，這說明「懷姓九宗」是在翼的
國人，或認為是唐遺民，或認為是夏人的後裔，或認為是媿姓狄人，不管是
什麼人，他們都應在晉國國內。絳縣橫水墓地媿姓狄人的墓地，表面上看，
將它視為「懷姓九宗」之墓地似乎是合理的，但事實上這是一個具有獨特的
埋葬習俗、獨立的等級、獨立的行政權力和級別相對較高的族群的墓地，不
應該屬於晉國的一部分，其所屬行政區域也不是什麼晉國的采邑，墓主更不
能理解為晉國的采邑大夫。當時晉國的範圍也不可能有這麼大。夏商以來，
戎狄與華夏族群雜居是不可爭辯的事實，晉國族群直到春秋中晚期還與戎狄
雜居在一起，晉景公的時候，在今天稷王山下峨嵋嶺一帶還盤踞著狄人，晉
東南地區更是多為赤狄占據。在二○○七年絳縣橫水墓地發掘即將結束的時
候，位於天馬－曲村遺址東北的翼城縣大河口墓地被盜，發現這個墓地與絳

縣橫水西周墓地的埋葬習俗十分相似，東西方向墓葬，墓主也是頭向西，有腰坑，有單獨陪葬的車馬坑，但是沒有發現殉人和俯身葬，與曲村墓地、晉侯墓地和橫水墓地一樣，車馬坑都位於主墓的東側。大河口墓地被認為是霸伯或霸國的家族墓地，我們推測這個墓地的族群和絳縣橫水墓地一樣屬於媿姓狄人，只不過他們是不同的支系罷了。特別值得一提的是，近年來在絳縣縣城東北的雎村和蓋家溝一帶又因盜墓發現了一處西周墓地，經勘探，發現墓葬基本上都是東西方向，也有大、中、小型墓葬，大墓還陪葬有車馬坑。這個墓地距離絳縣橫水墓地約二十公里，可能也是一個狄人族群的墓地，應是新發現的又一個西周小國家。

在《國語‧晉語一》中記載有一個翟（狄）柤國，晉獻公田獵時見到這個國家，就一心想滅掉它，說明狄柤國是在晉國的附近，屬於戎狄小國，今雎村的「雎」與狄柤的「柤」，上古音相通，現在發現的雎村墓地有可能就是媿姓柤國的墓地，但這種推測還需要考古發掘工作來證實。若是，更進一步證明倗、霸等狄人國族不是分封唐叔虞時賜給叔虞的「懷姓九宗」。

文獻上記載有個「隗」國。《國語‧鄭語》記載「當成周者……西有虞、虢、晉、隗、霍、楊、魏、芮」、「晉、隗」，說明晉與隗鄰近，那麼目前發現的位於晉國周圍的絳縣橫水倗國墓地、翼城縣大河口霸國墓地以及最近發現的絳縣雎村墓地可能都是這個「隗」國的墓地，隗與媿通，作者可能把這些媿姓小國統稱為隗國。這些狄人族群應該是西周早期被遷徙到這裡來的，因為在其墓地沒有發現商代晚期的墓葬，周圍也沒有發現晚商的遺址。晉南地區商代晚期的遺址極為罕見，說明這裡當時活動的族群非常稀少。

文獻記載晉國周圍「環以戎狄」，「晉居深山，戎狄之與鄰，而遠於王室，王靈不及，拜戎不暇……匡有戎狄」。除了上述諸戎狄之外，在中條山山區有條戎、東山皋落氏狄，在呂梁、太行、太岳山區還有北戎等各種戎狄族群，可見「疆以戎索」不僅針對晉國境內的「懷姓九宗」，而且針對晉國周圍的戎狄而言，由此看來，這種民族政策具有深遠的策略意義。

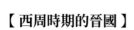

晉侯功業留青史

在晉國早期的晉侯中，除了唐叔虞和燮父以外，晉獻侯、晉穆侯和晉文侯都是聲名顯赫的國君，晉獻侯雖然在殘存至今的文獻上遺墨不多，但透過北趙晉侯墓地八號墓發現的晉侯穌鐘銘文，我們知道晉侯穌隨周王到東國和南國打仗，「王親令晉侯」率領部隊征伐宿夷，「王至晉侯穌師」，「王令晉侯穌」，「王呼善夫日：召晉侯穌，王親賜駒四匹，王親儕晉侯穌秬一卣、弓矢百、馬四匹」。晉侯墓地八號墓是晉獻侯穌的墓葬，可見晉侯穌是一位驍勇善戰、兼具文治武功的晉國國君，為他陪葬的車馬坑（K1）在北趙晉侯墓地是最大的車馬坑，埋葬了一百多匹馬和四十八輛車，墓葬雖然被盜，但墓葬中劫餘的器物還相當可觀，這充分說明晉獻侯是一位很有作為的君主，為後來晉穆侯的征戰和晉文侯的勤王打下了堅實的基礎。文獻記載晉穆侯有伐條戎與奔戎的條之役、伐北戎的千畝之戰兩次大的戰役。條戎可能居住在中條山山區，此戰失利，正在這時，穆侯的嫡妻生下一個兒子，就取名為仇，仇的弟弟因穆侯千畝之戰的獲勝而取名為成師，這件事引發了時人的一些議論，例如《左傳‧桓公二年》師服說：「今君命太子日仇，弟日成師，始兆亂矣，兄其替乎？」「惠之二十四年，晉始亂，故封桓叔於曲沃。」其實晉文侯仇的作為遠遠大於其弟成師，因此後世有「繼文紹武」之說。至於文侯的兒子晉昭侯封其叔父桓叔於曲沃等等一系列事件的發生，與周平王東遷、二王並立十年、歷史進入春秋、各諸侯國的政治都進入急遽變革的時代有關，與文侯、成師甚至晉昭侯本人都沒有太大的關係，歷史的滾滾洪流不是一個晉昭侯可以阻擋得了的，與晉文侯仇更是風馬牛不相及，師服的這種說法顯然具有「事後諸葛」的意味。在晉穆侯及其夫人的六十四、六十二、六十三號墓葬中，只有六十三號墓葬帶兩條墓道，是晉侯墓地最早出現帶南北向兩條墓道的「中」字形的大墓，六十二號墓主被認為是晉穆侯夫人齊姜的墓葬，六十三號墓主被認為是晉穆侯繼室的墓葬。在六十四號墓葬中發現

的楚公逆鐘具有非常重要的價值。楚公逆是西周晚期楚國的一位國君，他的編鐘在晉穆侯墓葬中的發現，說明晉楚之間當時已經有所交往。在絳縣橫水墓地墓葬中也發現了一件西周晚期的楚公逆短劍，充分說明西周晚期楚國與倗國之間交往的事實。

曲沃縣北趙晉侯墓地出土的西周晚期楚公逆鐘

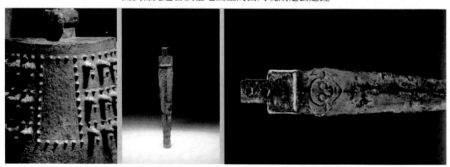

（左）曲沃縣北趙晉侯墓地出土的西周晚期楚公逆鐘局部
（中）絳縣橫水墓地 M2055 出土的西周短劍；（右）絳縣橫水墓地 M2055 出土的西周短劍局部

　　晉文侯仇是史載晉國早期一位大有作為的君主，兩周之際人。

　　西周末年，周幽王被申國和犬戎等所殺，周王室有難，晉文侯與鄭、秦等國率軍平王室之亂，遷周平王於東周洛邑。

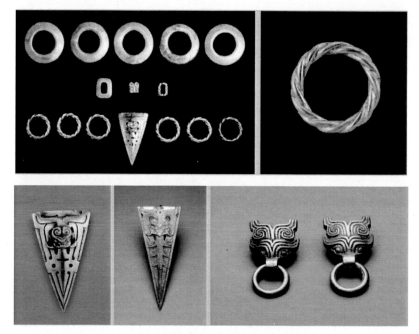

1.、2.、3.、4. 曲沃縣北趙晉侯墓地出土的黃金帶飾
5. 曲沃縣北趙晉侯墓地出土的黃金鋪首啣環

　　晉文侯因勤王之功，受到周平王的嘉獎和賞賜，至今《尚書》中仍然保存有〈文侯之命〉。

　　晉侯墓地的九十三號和一○二號墓被認定為晉文侯夫婦墓，九十三號墓葬也是雙墓道的「中」字形墓葬，但一○二號墓卻沒有發現墓道，這一點顯得頗有些突兀，多年來研究者對於這組墓葬爭議較大，有認為是晉殤叔夫婦的墓葬，有認為是文侯夫婦的墓葬，傾向文侯夫婦的學者較多，但這個問題並沒有得到最終解決，墓葬中發現的青銅器銘文也無助於我們對墓主人的確定。此外，晉文侯時期，晉國已開始對外擴張，文侯二十一年伐滅了韓國，曲沃可能也是在文侯晚年兼併所得。

霸國和格國是一回事

　　目前已發現的西周「格伯」青銅器，有倗生簋（過去又叫格伯簋）和格伯作晉姬簋。倗生簋銘文記述了倗生與格伯以馬匹換田地的故事。這個倗生很可能是非姬姓晉人，是倗族的外甥，這在倗國墓地出土的青銅器銘文上有明確的反映，如伯晉生鼎銘文中的「伯晉生」，即顯示這位倗伯是晉國的外甥，倗與晉通婚。格伯作晉姬簋反映出格與晉通婚。大河口西周墓地的發現，為「霸」字增添了不少新的構形。有的青銅器銘文就直接寫作「格」，例如 M2002 就有「格中（仲）」鼎和簋。

　　值得注意的是，傳世的西周晚期的曾仲大夫簋上的霸字作形，下部就可以直接隸定為「格」字。再從字音來看，霸為幫母鐸部字，格為見母鐸部字，格、霸古音相通，可見格伯就是霸伯。目前已發現與霸通婚的國族有：北燕（姬姓）、（姬姓）、晉（姬姓）和姞姓某國族等。從現今的考古發現來看，霸國與晉國相鄰已是不爭的事實。出土青銅器銘文所稱的格與霸應是一回事，似不存在先後關係。有些學者提出霸即是後來文獻提到的晉東南的潞，單從文字上講，似乎是沒有問題的，但缺乏考古學材料的有力支持，時代上也懸隔一定的距離。至於春秋初年霸國被晉國兼滅後的情形如何，尚需要新的考古發現和研究來了解，也有可能它被遷徙到河南鄭州一帶。

　　二〇〇二年在上海博物館召開了晉侯墓地出土青銅器國際學術研討會，在這次會議上，蘇芳淑和李零先生介紹了一件有銘的晉侯銅人，後來李伯謙和李學勤先生等人發表文章，對這件晉侯銅人都有較深入的討論。銅人的銘文（或認為是刻文）為「唯五月，淮夷伐格，晉侯搏戎，獲厥君師，侯揚王於茲」二十一字，大意是說某年五月，南淮夷來伐格國，晉侯率師與之搏戰，俘獲淮夷君師，晉侯揚王休。這裡提到的格國，現在看來就是霸國，就在今天的翼城縣大河口墓地一帶。

（左）傳世的倗生簋；（中）傳世的倗生簋銘文拓片；（右）絳縣橫水墓地出土的西周銅鼎銘文

（左）傳世的西周晉侯銅人；（右）翼城縣大河口墓地 M1017 出土的西周銅人頂盤

晉國與霸國相鄰，唇亡齒寒，且晉侯作為方伯受王命搏伐南淮夷以救霸伯，也是理所當然的事情，因此晉侯要讚美周王。無獨有偶，在近年發掘的翼城縣大河口墓地也發現了一件銅人，我們稱之為銅人頂盤，推測是一件銅燈，無銘文，銅人形態與所謂的晉侯銅人頗為相似，唯雙手置於兩大腿上，與晉侯銅人雙手反背在身後不同，也著蔽膝（韐），蔽膝形態與晉侯銅人略異，二銅人長鼻相似而口部略異，頭上均有圓形墊，且均為男性跪坐人像。大河口 M1017 的年代為西周中期，晉侯銅人當出自晉侯墓地被盜墓葬，年代

為西周中期或晚期偏早，器銘為研究晉國與格（霸）國的關係及淮夷來犯的史實提供了非常重要的資料。由此可見，霸國和格國是一回事，霸即是格，格即是霸，西周時期這個國族就在今山西翼城縣大河口墓地一帶。

（左）翼城縣大河口 M1017 出土的西周霸伯銅壘；（中）翼城縣大河口墓地 M1 出土的西周銅伯鼎；（右）翼城縣大河口墓地 M1 出土的西周銅簋銘文

（左）翼城縣大河口墓地 M1017 出土的西周霸伯銅壘銘文；（右）翼城縣大河口墓地 M1 出土的西周銅簋

絳縣橫水墓地發掘全景鳥瞰圖（自南向北）

倗國略說

　　二〇〇四年，盜墓賊在山西絳縣橫水鎮以北盜墓，發現了一個西周的大墓地，考古隊從二〇〇四年到二〇〇七年在這裡發掘了整整三年，共發掘西周墓葬一千兩百九十九座，還發現了數十座晚於西周的墓葬，除了東南部外圍極個別零散的小墓未發掘外，基本上發掘清理了這個墓地的墓葬。

　　這個墓地的墓葬分布比較密集，有帶墓道的大墓，也有中小型墓葬。大墓都位於墓地中部南北一線，東西兩側為中小型墓。這個墓地還有一個特點，就是墓葬基本上都是東西方向，墓主人的頭向大都朝西，只有大約五十座墓葬的墓主頭向朝東。一個墓坑中埋葬一個墓主人，墓主人有仰面躺著的，即考古上所謂的仰身葬，也有趴著的姿勢，即俯身葬，二號墓主人倗伯就是俯身葬，他是橫水墓地一位俯身葬的國君。他的夫人的墓葬比他的大，隨葬品比他的多，因此我推測，他的夫人，即一號墓主畢姬，很可能是當時的實際掌權者，可能是目前所知中國歷史上第一位「垂簾聽政」的女君主。

絳縣橫水墓地 M2158 墓室

　　該墓地很多大中型墓葬裡還有殉葬人，最多的一個墓殉葬了六個人，這些人都是在墓主人死後被殺死或毒死，然後埋到墓主人棺槨外側的土臺上，他們有些可能是自願的，但大多數應該是被迫的。這種為墓主人殉葬的做法，是墓主地位的一種象徵，這種「從死」是信仰觀念的產物，對於從死的

人而言也許自覺是一種榮寵，或對其家族和子嗣有極大的利益誘惑，但姬姓周人的墓葬中一般是不使用殉人的，而子姓商人卻遵從這種殉人的習俗，受商人文化影響的族群也多使用這種埋葬習俗。被殺為殉的人有些是戰俘，有些是奴隸，有些是愛妾，有些是寵臣。在橫水墓地，我們一共發現殉人一百多個，當然這些有殉人的墓葬一般都是貴族墓葬，普通老百姓的墓葬是根本沒有殉人的，殉人在一定程度上也與墓主的身分、地位有關。國君及其家族還陪葬有車馬坑，都是真車真馬，而不是模型。這些車馬坑都在主墓的東側，為南北向長方形，與它對應的主墓的方向不一致。墓葬中的隨葬物品有青銅器、玉器、陶器以及骨、蚌、貝等其他小件器物。墓主的地位越高，墓葬中埋藏的東西越多，反過來也一樣。一般就大墓而言，棺內放置的是斂屍的用品或裝飾品，玉器等小件器物多一些，而棺與槨之間的空隙，大多放置各種青銅器、陶器等。

絳縣橫水墓地 M2167 斜洞

此外，有些器物放置在二層臺上面，有些器物放置在棺蓋或者槨蓋上，有些在墓壁上掏一個小龕，把陶器或其他東西放到小龕裡面，還有個別墓葬在填土中也放置少量東西。一般來說，大多數隨葬品多放置在棺槨之間，其他地方放置的器物略少。橫水墓地還有一個特別重要的發現，那就是發現了斜洞和柱洞。所謂斜洞，就是在大中型墓葬墓口長邊外側或四角斜向墓壁內

掏挖一個圓洞，或為橢圓形，一般是四個為一組。而柱洞則大多位於墓室的東側，兩個一對，是立柱殘留的洞，柱洞的外面有一個較大的柱坑，是為了埋柱子而挖的坑。這些現象以前在西周考古上沒有發現過，在橫水墓地是第一次發現。這些斜洞可能與晚期文獻上記載的下棺的「碑」的使用方式有關，可能是樹「碑」用的。柱洞則可能是墓上豎立標誌牌（屏）遺留下來的痕跡，這樣的斜洞後來在翼城縣大河口霸國墓地和湖北隨州葉家山西周墓地也有發現，而這幾個帶有斜洞墓葬的墓地都是以東西向墓葬為主。

　　橫水墓地出土的青銅器銘文顯示，大墓墓主是媿姓倗伯，媿姓是赤狄的姓，倗國國君家族就是赤狄的一支。文獻記載晉武公和晉獻公時期在晉南地區滅國十七個之多，其中沒有提到倗國，這個發現填補了文獻記載的空白。

（左）絳縣橫水墓地 M2158 出土的西周銅簋；（右）絳縣橫水墓地 M2158 出土的西周銅簋銘文

（左）傳世的倗季鳥尊；（中）傳世的倗季鳥尊局部；（右）傳世的倗季鳥尊銘文拓片

（左）絳縣橫水墓地出土的西周銅獏尊；（右）絳縣橫水墓地出土的西周銅獏尊局部

　　其實當時晉獻公滅亡的國家還要多得多，又如翼城縣發現的霸國等，只是這些小國沒有被記錄而已。首先是他們自己記錄的史書沒有被保留下來。其次，按照《左傳》的說法，之所以沒有記錄那麼多的國家，一是因為小國太多，沒有必要一一記錄；二是因為「不赴告」，就是說有事情不告知魯國，魯國的《春秋》就不會記錄。當然，有些學者不承認佣是國家，認為它是晉國所謂的「懷姓九宗」之一，是晉國的一個采邑，屬於晉國的一部分。其實這些學者對西周時期的歷史背景並沒有釐清，對橫水墓地的發掘資料也不熟悉，又犯了用東周文獻來套合西周考古資料的老毛病。實際上佣伯就是這個邦國最高的行政長官，這個墓地大約有十四代佣伯，他們的墓葬大多是一夫一妻的並穴合葬墓，在他們之下還有一般貴族和平民，甚至還有級別更低的奴隸。這個佣國是一個等級分明的國家，直接聽命於周王室，但在晉南地區，也可能屬於大國晉國這個方伯國的「連率之國」，但它有相對獨立的權力，根本不是晉國的采邑，目前西周畿外各諸侯國沒有封賜采邑的明確證據，因此我們認為佣國是一個獨立的狄人小國。

　　佣國與晉國、芮國等十多個國族通婚，國君甚至還娶了周王的姐姐為妻。在這個墓地共發現了八十多座青銅禮器墓葬，出土青銅禮器三百多件，有很多帶銘文的青銅器，有記載某人作器的，有記載為女兒陪嫁作器的，還有記載戰爭的，這些文字都非常珍貴，從中我們可以知道當時佣國的很多事情，我們可以研究當時的等級制度，可以研究器物之間相互搭配的組合方式，可以研究器物本身的器形、紋飾、鑄造工藝和方法、銅料產地來源和鑄

造地等等問題。除了青銅器以外，還發現了大量陶器，幾乎每一座墓葬中都隨葬有陶器。陶器一般來說都是為死者現做或現買，用來隨葬，因此它們與墓主死亡的時間，或者墓葬本身的形成年代，是最為接近的，因此一般都使用陶器來判定墓葬的年代，相對來說比較準確。即便是活人生活中使用的陶器，因為使用頻率高，容易破碎，又便宜，破碎以後往往被當作垃圾隨意拋棄到垃圾坑中，這些所謂的垃圾坑（考古上叫做灰坑）在廢棄以前也許是一個窖穴，也許是一口水井，也許是一所房子，也許是一個廁所，或者是一個取土坑，等等，它們原來的功能和用途並不是用來傾倒垃圾的，只不過它們廢棄以後便具有了同樣的結局和功能，因此在考古上判斷一個所謂的灰坑的年代，往往至少要明確它的三個年代，即建造年代、使用年代與廢棄年代，而我們透過廢棄的陶器判定的年代通常是指它廢棄以後的年代，相隔也許不遠，也許會有很長一個時期，這就需要作具體分析了。墓葬則不同，它的建造年代和陶器指示的年代應該基本上是同時的，而其使用年代卻很長久，一般沒有廢棄年代，因此在考古學上，墓葬中共存的遺物共時性較強，陶器的共時性更強。青銅器就不一定了，由於青銅器本身不易破碎，又比較珍貴，不易得到，因此它可以流傳很長時間，也就是說，一座墓葬中的青銅器的製作年代可以相差很久，前一朝代的青銅器出現在後一朝代墓葬中的現象是常有的事情，它們的使用年代長短也不相同，玉器也是這樣，它們作為判定年代的物品並不敏感。因此我們在判斷一座墓葬年代的時候，往往要以陶器的年代為準，而不能忽略陶器，以青銅器和玉器的年代為準。陶器除了判定年代之外，還具有判斷當時埋葬習俗和墓主族群的功能。橫水墓地出土了兩千餘件陶器，它們的形制與周人和晉人使用的陶器形態極為相似，只有個別器物有自身特點，因此我認為周人取得天下之後，進行了一場文化變革，即便是器物製作，也都形成了一套比較統一的規範。在橫水倗國墓地還發現了一些玉器，玉器一般來講多見於棺內墓主人身體周圍，多為斂屍用品。

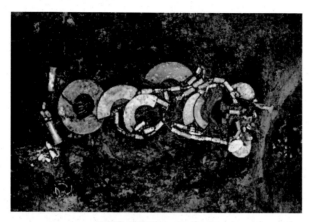

絳縣橫水墓地 M2 棺內玉飾

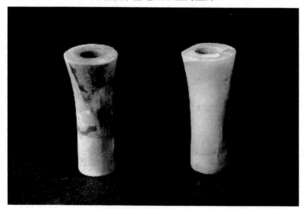

絳縣橫水墓地 M2 玉握

（左）絳縣橫水墓地 M1006 出土的西周銅簋（右）絳縣橫水墓地 M1006 出土的西周銅簋銘文

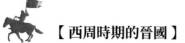

（左）絳縣橫水墓地 M1011 出土的西周銅壺；（中）絳縣橫水墓地 M1011 出土的西周銅壺蓋；（右）絳縣橫水墓地 M2158 出土的西周銅盉

　　玉器作為判定墓葬年代的物品，也和青銅器一樣，相對要遲鈍一些，前代玉器出在後代墓葬中更是司空見慣的事情，甚至新石器時代的玉器常常見於西周或東周的墓葬中，也不稀奇。西周時代的玉器資源恐怕也被周王室統一控制著，或者大部分被王室控制著，因此它們的整體風格特別接近。橫水墓地出土的玉串飾比較多，對研究當時的玉器制度和埋葬習俗也具有重要價值。

　　橫水墓地一帶當時是倗國的國都，這個墓地是其國都內國君及其國人家族的公共墓地，按照傳統的說法，西周一代二七五年，橫水墓地 有一千三百餘座墓葬，這個國都是否還有別的墓地，目前還不清楚。需要考慮的是，有一些埋藏比較淺的墓葬被晚期的人類活動破壞掉了，還有一些處於邊緣區域的零散的墓葬沒有被發掘到，即便這樣來估算，橫水墓地的墓葬總數也不過一千五百座左右，可見在同一時期其國都的人口數量並不多。當然這不是倗國全部的人口，倗國國都以外還有一大片統治區域，這些區域或者散布著一些村落或城邑，其中又有多少人口是另外一件事情，還需要進一步的考古工作來解決。

　　總之，新發現的倗這個國家對於我們重新認識西周的政治體制、國家結構和埋葬習俗等問題都有積極的意義，為我們認識西周時期晉南的國族、晉國的疆域、晉國後來的擴張以及倗晉之間的關係等問題，都提供了非常重要的科學資料。

晉南西周國族的分布

　　前面我們說過，晉南地區在西周時期分布著很多國族，目前已經明確知道的有二十多個，但有些國族的位置已經確定，有些還不能確定，那麼這些國族的分布狀況是怎樣的呢？

　　晉國的前身是唐國，唐國國都鄂的大致方位是在今塔兒山以北的臨汾盆地，具體位置還沒有確定，西周晉國的國都在曲沃縣天馬－曲村一帶，這裡發現的滏河北岸的北趙晉侯墓地、曲村墓地和天馬－曲村生活遺址及滏河南岸的羊舌晉侯墓地，都足以說明晉國早期的都城翼就在天馬－曲村遺址一帶。霍國是周文王的兒子霍叔處的封國，據記載，在今霍州市一帶。楊國據記載在今洪洞縣，多數學者認為永凝堡 - 坊堆遺址與古楊國有關。趙國據記載在今洪洞縣趙城鎮一帶。

曲沃縣北趙晉侯墓地出土的西周玉戈　　曲沃縣北趙晉侯墓地出土的西周玉人　曲沃縣北趙晉侯墓地出土的西周玉人

賈國有人認為在今臨汾市賈得鄉一帶，有人認為在今襄汾縣西一帶，還有人認為在今陝西省蒲城縣一帶賈城附近，但後一種說法似乎與西周晉國附近的賈國不一樣。先國已被考古發現證明就在今浮山縣北王鄉橋北村一帶，在這裡發現了商末周初帶墓道的大墓和一些西周、春秋時期的小墓，更重要的是發現了多件帶「先」字銘文的青銅器，如罍、觚等器，而且在墓地南面不遠處還發現有商代晚期和西周時期的生活居住遺址。橋北遺址是一個自新石器時代仰韶晚期一直延續到漢代的大遺址。先國後來被晉國兼併，成為晉國卿大夫的封邑。先氏有可能是原來先國的後裔，也有可能是被封到先地以邑為氏的卿大夫的後裔，《通志‧氏族略》記載的周宣王時「晉隰叔初封於先，故以為氏」就是明顯的例證，春秋時期的晉國大夫有先軫、先且居、先克等。

　　霸國墓地已被考古發現證實位於今翼城縣隆化鎮大河口村一帶，這裡發現了埋藏有一千多座墓葬的西周墓地，其中有多位霸國國君的墓葬，與墓地相對應的同時期生活遺址位於其西南部一帶，僅殘存很少的一部分遺跡、遺物。倗國也已被考古發現證明在今絳縣橫水鎮以北橫北村一帶，這裡發現了一處埋葬一千三百多座墓葬的西周大墓地，其中有十多位倗國國君的墓葬，與之相對應的生活居住遺址大致位於墓地東南方向周家莊一帶。

翼城縣大河口墓地發掘區鳥瞰（自東向西）

翼城縣大河口墓地 M1 出土的西周早期銅鼎

　　祖國可能位於絳縣縣城以東數公里的雎村一帶，還需要進一步的考古發掘工作來證實。虞國古城位於平陸縣張店鎮一帶是早已被確定的事情，但相關的考古工作滯後了很多。虢國位於今三門峽一帶黃河南北兩岸，也已經被考古發掘工作所證實，三門峽虢國墓地已經發現了數代虢國國君夫婦和太子的大墓，文獻上記載的虢國上陽城與下陽城遺址已經確定。魏國墓地位於今芮城縣縣城以北柴澗村一帶，這裡發現過大型的西周墓地，並有叔向父簋和叔伐父鼎，近年還在其西的坑頭村一帶發現了西周墓葬和青銅器。夏商時期的魏國國君似乎是嬀姓，西周時魏國是畢公的後代，姬姓，但相關的考古工作相對滯後。

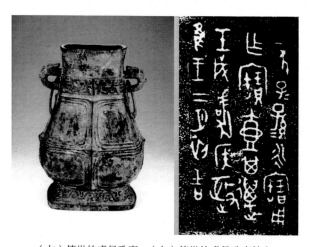

（左）傳世的虞侯政壺；（右）傳世的虞侯政壺銘文

【西周時期的晉國】

（左）芮城縣出土的西周叔向父銅簋銘文；（右）芮城縣出土的西周叔向父銅簋銘文拓片

（左）芮城縣出土的西周叔伐父銅鼎；（右）芮城縣出土的西周叔伐父銅鼎銘文

　　文獻記載耿國位於今河津市東南十公里的山王村一帶，姬姓。二〇〇七年河津市博物館在柴家鎮山王村收回幾件青銅器，出自墓葬，有鼎、盤、壺蓋各一件。銅鼎為立耳，半球形腹，蹄足，上腹飾重環紋，器表有煙炱痕跡，內壁鑄銘文。銅盤為淺盤，長附耳，圈足，下接三矮足，內底鑄有銘文。銅方壺蓋，上有方形捉手，長子口，子口面鑄銘文，蓋頂飾對稱雙龍紋，蓋面飾重環紋。從這幾件青銅器判斷，該墓葬年代為西周晚期。文獻記載耿國是在春秋中期被晉獻公伐滅，這次發現或與古耿國有關，但僅有的考古發現顯然還不足以說明問題。文獻記載冀國位於河津市東部，還需要進一

步的考古工作來證實。文獻上記載的隗國可能是指倗、霸、相這些媿姓狄人小國總體而言。

　　韓國可能距魏較近，在河津、萬榮縣之間所謂的「韓原」。西周柏國應該就在晉南地區，一九九三年在曲沃縣北趙晉侯墓地發掘 M64 晉穆侯墓葬時，發現西周晚期的青銅器「叔釗父」甗，甗內壁鑄銘文十五字「叔釗父作柏姑寶甗，子子孫孫永寶用」，但柏國的具體位置還不詳。董國可能在聞喜縣東鎮一帶，但具體位置不詳。荀國可能在今新絳縣城北馮古莊村附近，在這裡曾發現過西周中晚期墓葬。荀國滅於晉武公時期，文獻上記載「文公城荀」，說明晉文公時曾在荀地建城。郇與荀不是一國，郇國在臨猗縣一帶，尚待考古發現。在翼城縣的鳳家坡一帶曾經發現過西周早期的青銅器，這裡有葦溝——北壽城古城，也發現有西周的文化遺跡和遺物，凡此都表明這裡十分重要，但其性質是晉國遺址還是另外一個西周封國，並沒有定論。

河津市山王墓地出土的西周銅鼎

河津市山王墓地出土的西周銅盤

（左）曲沃縣北趙晉侯墓地出土的西周叔釗父銅甗
（右）曲沃縣北趙晉侯墓地出土的西周叔釗父銅甗銘文拓片

（左）聞喜縣官莊墓地出土的西周銅盤；（右）新絳縣馮古莊墓地出土的西周玉串飾

（左）翼城縣鳳家坡墓地出土的西周銅壺；（中）翼城縣鳳家坡墓地出土的西周銅壺蓋內銘文
（右）翼城縣鳳家坡墓地出土的西周銅壺銘文拓片

【翼與曲沃】

【翼與曲沃】

春秋初年晉文侯死後，「晉始亂」，不得已晉昭侯就把他的叔父分封到曲沃去統轄。晉文侯勤王時，歷史的一隻腳已經踏入春秋時期的門檻，整個社會經歷了一次大動盪，各個諸侯國也接受了一場較大的政治變革的洗禮，晉國也不例外。從文獻記載可知，當時的曲沃邑比翼都面積要大，晉昭侯的叔叔曲沃桓叔（名成師）比較老練，頗有政治才能，善於籠絡人心，因此形成了以曲沃桓叔為首的曲沃派與以晉昭侯為首的翼都派，勢不兩立，從此展開了數代六十七年的內戰，這也是西周以來晉國歷史上首次發生的大規模以庶犯嫡的實例。此前晉穆侯死後，殤叔篡位自立，僅僅四年就被晉穆侯的元子文侯殺死，可見西周末年政治腐敗、周幽王被殺、平王東遷對當時整個西周社會，包括各個諸侯國，都造成了巨大的影響，各諸侯國，包括晉國，原來未見諸文獻的國內分封現象在春秋初年出現了，小宗敢於站起來挑戰大宗了，臣子敢於弒殺君主了，擴張滅國的現象出現了，原本很規矩的西周禮制在這個時候遭遇了進一步的破壞與踐踏。晉昭侯這個正宗的國家法定繼承人被旁支小宗「革命派」曲沃桓叔逼仄，最終被殺，其下晉孝侯、鄂侯、哀侯、小子侯、晉侯緡等，大多被殺，只有晉鄂侯被逼出奔。翼都的晉侯可憐兮兮，慘澹經營著日漸衰弱的晉國，最終以小宗的勝利、大宗的失敗、晉國江山歸於曲沃旁支而告終。在春秋早期晉國就發生了這麼一件大事情，而且當時這場戰爭連周王、虢國、芮國、董國和梁國等都牽扯了進來，最後曲沃一支憑藉自身的實力和賄賂周天子這種不光彩的手段，奪得晉國大宗翼都派的江山，晉武公即位為國君。從這個時候起，晉國國君不再稱侯，而改稱晉公了。

曲沃縣羊舌晉侯墓地發掘場景

（左）曲沃縣羊舌晉侯墓地 M1 墓底石梁石堆；（右）曲沃縣羊舌晉侯墓地棺內玉器出土情況

在春秋早期晉國六十七年內戰過程中，正宗翼都派在君統的合法性和道義上一度曾得到周王、列國和國人的擁護，曲沃派的桓叔、莊伯、武公三代人屢屢遭受挫折，不屈不撓，堅持鬥爭，最終獲得了勝利。其實翼都派的實力也並非我們想像的那麼不堪一擊，晉哀侯時還曾經打敗過曲沃，即便到了最後一代晉侯緡時期，也還堅持了二十多年。但是，在歷史變革的大潮流面前，翼都派沒有抓住機遇，繼續銳意改革，發揚晉文侯時期的那種外交與開拓的優良傳統，導致可悲的下場。「優勝劣汰」的生存競爭法則在春秋早期的晉國重演了一幕，為日後晉國的稱霸準備好了「人和」的基礎。

翼都在哪裡

　　翼作為晉國國都最早見於文獻的是《史記‧晉世家》:「昭侯元年（西元前七四五年），封文侯弟成師於曲沃。曲沃邑大於翼。翼，晉君都邑也。」在此之前，我們只知道叔虞封唐，燮父遷晉，而文獻上也沒有說這個晉都的名字叫什麼，不過近年發現的「疏公簋」更進一步證實唐、晉確有一遷，但唐與翼顯然不一樣，唐不可能稱作翼。翼都在何地，史學界和考古界向來都有不同意見，顧炎武就說:「竊疑唐叔之封以至侯緡之滅，並在於翼。」也有學者認為翼在翼城縣西北葦溝‧北壽城遺址。考古學家鄒衡先生卻認為翼可能在翼城縣南梁鎮故城村一帶。

　　現在看來晉都翼應該就在曲沃縣澮河以北的天馬－曲村遺址一帶。一九九〇年代以來北趙晉侯墓地的發現和發掘大大推進了相關的考古研究，目前大致可以確定晉侯燮父到晉文侯仇這九代晉侯及其夫人的墓葬就在這裡。巧合的是到晉文侯的兒子晉昭侯時文獻始見「翼」這個都城的名字。二〇〇五年在北趙晉侯墓地以南的澮河南岸的羊舌墓地被盜發現，又增加了一處晉侯墓地，正好與北趙晉侯墓地年代相銜接，也就是說與文獻記載的翼都相對應的晉侯的墓葬位於羊舌墓地，羊舌晉侯墓地的建造很可能與晉昭侯等死於非命不得埋入兆域有關，這是翼都在天馬－曲村遺址的一個有力證據。此外，我們發現在天馬－曲村遺址出土了數量較多的春秋早期鑄造青銅器的陶範。我們知道，周代凡是有青銅器作坊的地方，都是級別較高的都邑遺址。天馬－曲村遺址西北部的 J7 區可能是晉都青銅器鑄造作坊的中心區域。

曲沃縣羊舌晉侯墓地 M4 墓室

　　那麼春秋早期天馬－曲村遺址仍然是晉國的中心聚落，也就是晉國都城翼的所在地，晉昭侯、孝侯、鄂侯、哀侯、小子侯、晉侯緡與曲沃六十七年內戰的翼都還在曲村。古本《竹書紀年》記載：「翼侯伐曲沃，大捷，武公請成於翼，至桐庭乃返。」可見在翼和曲沃內戰期間，即使到晉武公時期，翼都派並非不堪一擊。羊舌墓地存在的祭祀現象也是在這一時期形成的，並非像有些學者所說的翼都國君沒有能力進行祭祀，認為這種現象不可理解，因而我們不能據此認為羊舌墓地是曲沃桓叔一支的墓地。

曲沃縣羊舌晉侯墓地出土的春秋銅鼎

曲沃縣羊舌晉侯墓地出土的春秋銅盤

曲沃縣羊舌晉侯墓地出土的春秋銅匜

曲沃縣羊舌晉侯墓地出土的玉龍

曲沃縣羊舌晉侯墓地出土的玉龍

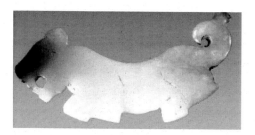

曲沃縣羊舌晉侯墓地出土的玉虎

曲沃縣羊舌晉侯墓地出土的玉神像

曲沃縣羊舌晉侯墓地祭祀坑局部

由此似乎可以進一步推斷，晉昭侯以前這裡的都城名字也應該叫翼，「唐伯侯於晉」的「晉」是地名，作為國名，「翼」是國都名，北趙晉侯墓地一一四號墓出土的晉侯鳥尊銘文為「晉侯作向大室寶尊彝」，「向」是其一個宗廟名。春秋初年，天馬－曲村遺址可以鑄造青銅禮器、工具和兵器，說明周王室對其管轄地域內的青銅器資源的控制力和青銅器鑄造的壟斷能力大大下降，周王室的衰落和諸侯國的崛起，諸侯兼併現象的出現，這些在文獻記載和考古發現上都有明顯的紀錄，自主、霸權和文化特色的凸顯，為東周列國燦爛的文化奠定了基礎。

文獻記載晉厲公被殺後，以車一乘埋葬於翼城東門之外，說明翼都應該有城垣存在，雖然目前在天馬－曲村遺址尚未確定都城牆垣，與我們考古工作做得還不夠有關，但這種發現只是時間的問題。

曲沃在哪裡

曲沃桓叔的被封，為晉國六十七年內戰埋下了禍根。桓叔所封的曲沃邑在哪裡？歷史上存在兩種不同的看法。一種意見認為古曲沃就在今天的曲沃縣境內，或確指在今曲沃與侯馬交界的鳳城古城一帶，又引《詩經》上的「從子于沃」、「從子于鵠」句，以今曲沃縣有安鵠村為佐證。

其實迄今在鳳城古城一帶考古調查和發掘所見到的最早的遺物年代是戰國早期，未發現春秋早中期的遺存，也就是說鳳城古城不可能是古曲沃城。據研究，它很可能是三家分晉（西元前四五三年）之後，毀壞其原來晉君的都城——「品」字形宮城及其外郭城，將晉國國君搬遷到這裡，後來該城不斷擴建，使用到漢魏時期。侯馬一帶現存的西周、春秋墓葬和遺址距離鳳城古城也較遠，這座古城是戰國早期才開始啟用的，與古曲沃無關，因此從考古學上找不到一點有力的證據來支持這一看法。

（左）聞喜縣上郭墓地出土的春秋刖人守囿銅輓車；（右）聞喜縣上郭墓地出土的春秋刖人守囿銅輓車

（左）聞喜縣上郭墓地出土的春秋刖人守囿銅輓車
（右）聞喜縣上郭墓地出土的春秋刖人守囿銅輓車局部

　　另一種意見認為古曲沃在今聞喜縣一帶，自漢代以來就有這種說法，班固的《漢書・地理志》和酈道元的《水經注》等都多次提到古曲沃在今聞喜縣，因為漢武帝巡幸河東，到左邑縣聞聽大軍破南越的喜訊，遂將左邑縣改為聞喜縣。一九七〇年代以來，山西省考古研究所等單位先後在聞喜縣上郭－邱家莊一帶做了多次考古勘探發掘工作，搶救發掘了多座古代墓葬，年代以春秋早期為主，有個別西周晚期的遺物，發現了很多重要的器物，其中不乏精美的青銅器、玉器和金器，例如造型精巧複雜的刖人守囿青銅輓車，有銘文的青銅器荀侯匜和賈子匜等。青銅匜這種器物是與盤相配套的水器，原本是盤、盉相配套，到了西周中期，匜代替了盉，盉就漸漸消失了，盤、匜作為水器組合代替了盤、盉。為什麼水器如此重要，而且盤與盉或匜配套使用？

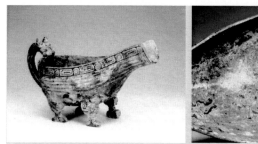

（左）聞喜縣上郭墓地出土的春秋荀侯匜；（右）聞喜縣上郭墓地出土的春秋荀侯匜銘文

（左）聞喜縣上郭墓地出土的春秋荀侯匜銘文拓片；（中）聞喜縣上郭墓地出土的春秋賈子匜；（右）聞
喜縣上郭墓地出土的春秋賈子匜銘文拓片

聞喜縣上郭墓地出土的春秋賈子匜銘文

　　這是因為先秦時期人們吃飯多是用手來抓，而不是使用筷子來進食，貴
族們宴飲或祭祀要經常淨手，時刻保持進食或祭祀用手的潔淨，淨手的時
候，一個僕人在旁邊端著盤子來承接水，一個僕人用盉或匜來傾倒水，這種
洗手的方式，文獻上叫做「奉匜沃盥」，因此水器在周代是不可或缺的重要
青銅器。至於一般的平民百姓，那就只有自顧自了，享受不到貴族的這種特
殊待遇，他們只能使用陶器來洗手，而且沒有僕人伺候。

（序號為由左往右，由上往下）

1. 傳出自聞喜縣的春秋子犯編鐘 1；2. 傳出自聞喜縣的春秋子犯編鐘 1 銘文

3. 傳出自聞喜縣的春秋子犯編鐘 2；4. 傳出自聞喜縣的春秋子犯編鐘 2 銘文

5. 傳出自聞喜縣的春秋子犯編鐘 3；6. 傳出自聞喜縣的春秋子犯編鐘 3 銘文

7. 傳出自聞喜縣的春秋子犯編鐘 4；8. 傳出自聞喜縣的春秋子犯編鐘 4 銘文

9. 傳出自聞喜縣的春秋子犯編鐘 5；10. 傳出自聞喜縣的春秋子犯編鐘 5 銘文

11. 傳出自聞喜縣的春秋子犯編鐘 6；12. 傳出自聞喜縣的春秋子犯編鐘 6 銘文

13. 傳出自聞喜縣的春秋子犯編鐘 7；14. 傳出自聞喜縣的春秋子犯編鐘 7 銘文

15. 傳出自聞喜縣的春秋子犯編鐘 8；16. 傳出自聞喜縣的春秋子犯編鐘 8 銘文

（序號為由左往右，由上往下）
1. 傳出自聞喜縣的春秋子犯編鐘 9；2. 傳出自聞喜縣的春秋子犯編鐘 9 銘文
3. 傳出自聞喜縣的春秋子犯編鐘 10；4. 傳出自聞喜縣的春秋子犯編鐘 10 銘文
5. 傳出自聞喜縣的春秋子犯編鐘 11；6. 傳出自聞喜縣的春秋子犯編鐘 11 銘文
7. 傳出自聞喜縣的春秋子犯編鐘 12；8. 傳出自聞喜縣的春秋子犯編鐘 12 銘文
9. 傳出自聞喜縣的春秋子犯編鐘 13；10. 傳出自聞喜縣的春秋子犯編鐘 13 銘文
11. 傳出自聞喜縣的春秋子犯編鐘 14；12. 傳出自聞喜縣的春秋子犯編鐘 14 銘文
13. 傳出自聞喜縣的春秋子犯編鐘 15；14. 傳出自聞喜縣的春秋子犯編鐘 15 銘文
15. 傳出自聞喜縣的春秋子犯編鐘 16；16. 傳出自聞喜縣的春秋子犯編鐘 16 銘文

　　荀和賈是西周時期位於晉南的兩個諸侯國，荀侯匜和賈子匜在上郭墓葬中的發現，說明這兩個國家此時可能已經被曲沃一支給消滅兼併了。此外，考古工作者還在上郭學校院內發現了一段古代城牆，推測它與曲沃古城有關。傳出自聞喜的子犯編鐘（一套十六件）的出土更加肯定了這種論斷。子犯為晉文公的舅舅，晉文公時期晉國的宗廟在曲沃。相對於今曲沃傳說地鳳城古城沒有發現這一時期的任何遺存來看，大體可以論證古曲沃在今聞喜縣一帶。

　　荀國，據文獻記載，在今山西新絳縣境內，屬於姬姓國家，考古上目前雖然沒有發現荀國的確切位置，但近年在新絳縣北部被盜發現的馮古莊西周墓地非常重要，墓葬以南北向為主，發現有西周中晚期的陶器和青銅器，為探尋荀國的地望提供了重要的線索。荀和郇不是一個國家，郇在文王時分封，位於今山西省運城市臨猗縣一帶，也是一個姬姓國家，《左傳‧成公六年》載：「諸大夫皆曰：『必居郇、瑕氏之地，沃饒而近鹽，國利君樂，不可失也。』」賈國，其實早在商代晚期就存在於晉南，北趙晉侯墓地六十三號墓葬出土的玉環上刻有「我眔唐人弘戰賈人」，這個賈人指的就是賈國，西周時滅亡了商代的舊賈國，分封了姬姓賈國，據文獻記載，在今臨汾市堯都區或襄汾縣一帶。晉、賈兩國同姓，晉獻公娶於賈，可見，到晉獻公時期，「同姓不婚」的禮制遭到了嚴重的踐踏。至於有學者認為晉國的曲沃有早晚兩處，早期的一處在峨嵋嶺北，晚期的一處在峨嵋嶺南的說法似乎過於迂曲調和，其實並沒有什麼道理，與考古發現也不符合。從文獻記載「曲沃邑大於翼」來看，曲沃原來可能不屬於晉國的領土範圍，因為在一個國家內，國君不可能允許其下屬的城邑大於國都，這在禮制上也是有規定的。之所以曲沃邑大於國都翼城，可能是因為晉文侯的擴張，得到了這個城邑。目前所知晉國自文侯時期就已經開始向外擴張了，如晉文侯滅韓，曲沃邑當是文侯死前或昭侯繼位時才歸晉國所有。至於它此前屬於哪個國家或族群，目前還不清楚。在古曲沃邑一定存在西周晚期的遺存，也就是說，西周晚期早就存在

的曲沃邑是比較大的。

晉文侯的弟弟曲沃桓叔被他的侄子 —— 晉文侯的兒子晉昭侯分封到了曲沃，在此之前文獻上並沒有見到諸侯國內分封的例子，可能是因為周王室的衰落，諸侯國擴張和領土兼併導致國內分封制度的出現。西周時期周王室畿內有賜地封邑的現象，稱為采邑，至於西周時期各諸侯國內是否也採用了與周王室畿內一樣的封邑模式，目前並無實例可證。西周末年，周幽王的昏庸和寵愛褒姒，導致了申侯聯合犬戎等國的討伐，招來了殺身之禍，由此而發生晉文侯和鄭國、秦國國君的勤王，周平王無法在西土再續西周的統治，被迫東遷洛邑成周，史稱東周。其實這不只是一次簡單的遷都，由此帶來的政治統治方式的巨變，充分顯示東周與西周在政治體制和文化結構上存在著很大的差別。西周時期對列國諸侯的那種嚴密的直轄式的統治方式已經難以為繼，西周晚期諸侯們目睹了周王的無能為力和軟弱可欺，他們也不再像西周時期那樣把天子的尊嚴與威信當一回事了，天子王朝也不再像西周早中期那樣對列國的控制那麼直接、那麼嚴格，再也不能隨便指手畫腳了。在考古學文化上，可以最直觀地看出多個國家的青銅器、陶器和埋葬習俗等個性特徵如雨後春筍一般異彩紛呈，表現得多姿多態，這首先說明是思想的解放，禁錮的崩潰。禮樂制度的破壞實際上自西周晚期就已經開始了，西周時期青銅資源牢牢地控制在周王室手中，王朝控制範圍內的各諸侯國大多沒有鑄造青銅禮樂器的能力和條件，到了春秋時期，天子自顧不暇，各諸侯國可以自己開採銅礦，可以自建作坊鑄造青銅器了，再也不需要到王室的作坊去訂做或交換購置了，因此各諸侯國青銅器的風格得以充分展現。陶器也一樣，不再像西周時期那樣存在相對統一的樣式，出現了各具特色的器物風貌。

【故絳】

　　若將春秋時期分為早、中、晚三個階段，則西元前六六五至前五五九年為春秋中期，晉國歷史上故絳時期（即故絳作為都城的時期，西元前六六八至前五八五年）的八十三年基本上相當於春秋中期的大部分時間。在故絳時期，晉國由一個方百里的小國，透過兼併周圍的華夏和戎狄國族，逐漸將疆域擴大到陝西東部和河南北部，軍事力量由晉武公時期的一軍發展到晉文公時期的五軍，特別是晉文公時西元前六三二年的「踐土之盟」，奠定了晉國稱霸諸侯的堅實基礎，晉國霸業一直持續到西元前四八二年「黃池之會」，前後整整一百五十年，這一時期晉國國力達到強盛期。

　　晉國經過旁支小宗曲沃桓叔、莊伯、武公與大宗昭侯、孝侯、鄂侯、哀侯、小子侯、晉侯緡的六十七年內戰，最終小宗戰勝大宗，奪得晉國大權，曲沃武公以一軍被周天子命為諸侯。那麼武公滅翼後，他的都城是在曲沃，在翼，還是在絳呢？史料記載有些模糊。

曲沃縣出土的東周銅雙耳罐

曲沃縣出土的東周銅敦

　　一種可能是武公還在曲沃，因為曲沃邑大於翼。另一種可能就是武公占領翼都，將統治中心遷到了翼，到了他的兒子，遷都到絳。還有一種可能就是武公將晉國國都從晉陽的翼遷到了絳，因為文獻上有「晉武公自晉陽徙此」，當然文獻上指的是從晉陽遷到古曲沃，這個晉陽，按照班固的記載，

指的是太原的晉陽，實際上，這個晉陽應該是指天馬－曲村遺址的這個「晉陽」。絳在哪裡目前還不能確定，但有一點是可以肯定的，翼與絳不在一個地方，絳不在天馬－曲村遺址一帶。晉武公若已經遷到絳都，他的兒子晉獻公在西元前六六八年才命「士蔿城絳，以深其宮」，言下之意是絳原有宮城，晉大夫士蔿建造絳都，只是擴大了宮城而已。為什麼晉獻公要擴大宮城呢？因為以前絳不是國都，可能只是晉國的一個城邑，規模較小。文獻中還記載晉獻公「始都絳」，也就是說晉獻公以前這裡不是晉都，而是絳邑，若是這樣的話，則「晉武公自晉陽徙此」是指徙古曲沃。這個絳都的得名很可能與絳山有關，絳是地名，絳作為晉國國都的名稱，一直到晉國滅亡而不改，雖然到西元前五八五年遷都到新田（今侯馬市西北部），但都城還叫絳，只不過為了區分，文獻中把晉景公遷都以前的那個絳叫故絳，新田稱為新絳。這正如楚國的都城郢一樣，遷都之後還稱為郢。

襄汾縣趙康古城北城牆

襄汾縣趙康古城北城牆夯土

襄汾縣趙康古城西城牆

　　故絳都位於哪裡？鄒衡先生認為在天馬－曲村遺址，有很多人附和其說。顧炎武認為襄汾縣的趙康古城就是絳都，但是有人認為趙康古城為趙氏之宮。第三種看法認為絳縣縣城以南的車廂城是絳都。

　　第四種看法認為翼城縣的葦溝－北壽城是絳都。第五種看法認為絳都在聞喜縣古曲沃附近。考古發現已證明天馬－曲村遺址不可能是絳都。

　　絳縣車廂城位於絳縣縣城以南的南城村東南部山地之上，在涑水河南岸，這個城相傳是士蔿城聚，殺群公子的地方。這裡還有傳說的卓子溝，是殺晉獻公的小兒子卓子之處。該城依山勢而建，南高北低，城牆依然斷續可

見，有的地方保存很好，沿用時期較長。山上還有烽火臺遺跡，遺留物以漢魏時期為主。相傳南城村附近早年還有古城存在，但在這裡未做過考古勘探發掘工作，詳情不明。從車廂城所在的地望來看，這裡南背山，北面河，地域狹小，可能是漢魏時期的絳縣故城所在，不可能是故絳遺址，或者可能與士蒍殺群公子等記載有關。子犯是晉文公的舅舅，文獻記載他埋葬在九原，九原是晉國故絳時期卿大夫一級貴族的墓地，陽處父、隨武子等重臣也都埋葬在這裡，後來九原就成了墓地的代名詞，一直沿用至今。子犯編鐘傳出自聞喜，聞喜又是古曲沃的所在，因此推測九原就在聞喜縣古曲沃附近，或者就在聞喜縣上郭、邱家莊一帶，加上晉文公死後「殯於曲沃」，因此有人推測故絳就在距離九原不遠的聞喜縣某地。我們知道，曲沃是桓叔小宗的宗廟所在地，晉文公死後「將殯於曲沃，出絳，柩有聲如牛」，說明絳和曲沃不在一個地方，而且尚有一段距離。不論絳都的所在有多少種說法，到目前為止，沒有一種說法能夠成為定論。晉惠公時秦救晉難而有「泛舟之役」，自雍及絳船隊綿延不斷，那便是將糧食從渭河運到黃河，再運到汾河，抵達絳都，那麼絳都也極有可能在汾河流域，有人推測從汾河再入澮河，到達絳都，也並無不可。

曲沃縣出土的東周虎形銅器座

【故絳】

晉獻公派士蒍建築絳都，「以深其宮」，那麼絳都之地一定是比較開闊、平坦之地。所謂「深其宮」，就是擴建其宮城，而不是宮殿。侯馬新絳都的宮城，就是由平望、牛村和臺神三座小城組成的「品」字形宮城，這種宮城的結構方式被後來邯鄲趙王城所仿製，推想此前士蒍的「以深其宮」，恐怕是這種形制和結構的最早源頭，即文獻所謂的「士蒍之法」。晉獻公所居的故絳也一定是交通便利的地方，便於與各諸侯國之間的交往，因此在田野考古上探索、發現和研究故絳及其同時期的文物遺存是一個大課題，這一時期是晉國輝煌燦爛的早期階段。

晉獻公以後的多代國君在登基即位之前都要到曲沃「朝於武宮」，武宮即晉武公的宗廟，因為晉武公是晉國小宗的開國之君，「繼文紹武」指的是晉文侯和晉武公。「朝於武宮」之後次日才到絳都即位上任，可見曲沃與故絳不在一地。故絳都城在哪裡，至今還是一個謎。

曲沃縣北趙晉侯墓地出土的西周龍耳人足銅方盒

故絳不在天馬－曲村

　　故絳是春秋中期（西元前六六五至前五五九年）前段晉文公前後八代晉公八十三年期間的都城，鄭玄《詩譜》有晉穆侯徙絳一說，後來晉獻公時命「士蔿城絳，以深其宮」。所謂「以深其宮」，正如侯馬晉國晚期的「品」字形古城一樣，乃加大宮城。西元前五八五年晉國遷都新田以後，以故都絳為故絳，以新田為新絳。

　　最早認為天馬－曲村遺址為絳都的是北京大學教授鄒衡先生，他在一九八二年就提出了這種可能性，北趙晉侯墓地發現以後，他在一九九四年發表的〈論早期晉都〉一文中說：「晉自叔虞封唐，至孝侯徙翼十二侯，又武公代晉至景公遷新田九公，歷時共三百七十餘年，皆立都於絳，即史學家所稱之故絳，亦即今翼城縣與曲沃縣交界處之天馬－曲村遺址。」

曲沃縣北趙晉侯墓地出土的西周晉叔家父銅方壺

曲沃縣北趙晉侯墓地出土的西周玉馬

我之所以說天馬－曲村遺址不是故絳，單從考古發現來說，在這裡並沒有發現與故絳時期相關的大墓或城址，目前發現的包括澮河南岸的羊舌晉侯墓地墓葬，基本上都屬於故絳之前的遺存，春秋中期的遺存比較少見，春秋中晚期，該遺址已經呈現衰落的跡象，鄒衡先生在一九八二年的調查報告中也說「到春秋中晚期至戰國早期，卻又陡然衰歇下來」。如前所述，這裡若是翼的話，故絳更不可能在這裡，一則翼小於曲沃，二則到新絳時期葬晉屬公於翼東門外，而不言故絳東門外，以翼為舊大宗之都，顯然具有貶斥之意。

實際上在晉國史研究上，由於故絳都發現的缺位和故絳時期考古遺存的缺乏，形成了研究工作的一大瓶頸，嚴重制約了晉文化與晉國史研究的深入推進。若子犯編鐘傳出自聞喜可信的話，則晉國卿大夫的九原墓地可能就在聞喜一帶，故絳當距此不遠，僅一日的路程。故絳作為都城期間，晉國由一個方百里的小國，兼併周圍的華夏和戎狄諸族群國家，逐漸強大起來，據有整個晉西南平川地區，西面和南面跨越黃河，這一時期晉國國力強盛，尊王攘夷，挾天子以令諸侯，捍衛華夏主權，率領華夏族群與戎狄蠻夷不斷鬥爭，因此故絳時期是晉國輝煌霸業的開始，但故絳都城及其八代晉國國君的墓葬直到今天都還沒有被發現，實在是一件非常遺憾的事情。故絳在哪裡？讓我們拭目以待！

晉國的領土擴張

　　武王滅商之前，山西居住著很多國族，武庚之亂而有周公三年東征平叛，在此期間，唐國可能也參與了叛亂，周公奉成王命伐滅唐國，分封叔虞到唐地進行統治。司馬遷在《史記-晉世家》中說「唐在河、汾之東，方百里」，地域狹小，周圍戎狄環布，小國林立，到唐叔虞的兒子燮父時，將國都遷到晉地，改國號為晉。推想由封唐到遷晉期間，可能存在領土的擴張。燮父為何要遷都？實情已難知曉，推測唐地肯定是存在種種問題，或者是由於地望不佳，交通不便，或者是由於舊族盤踞，面臨很多難以解決的矛盾和困難。叔虞在唐都居留了多少年，今已不能準確獲知。燮父應是在唐地即位為國君。據今本《竹書紀年》記載，燮父遷晉是在康王九年，古本《竹書紀年》說「晉侯作宮而美，康王使讓之」，但二〇〇七年發現的疏公盨記載「唐伯侯於晉」是在周成王二十八年，二說存在不協調之處，若以今本《竹書紀年》所說的成王十年分封叔虞於唐可信，承認成王在位三十年的話，則今本《竹書紀年》認為在唐地立都時間為三十年，若以疏公盨可信的話，則在唐地立都僅十九年。當然也可以這樣理解，「王令唐伯侯於晉」是「晉都」始建時間，「唐遷於晉」是「晉都」建成時間，正如周王的洛邑成周建築了九年之久一樣。大約在西元前一千年前幾年，晉國的中心由唐遷到了晉，即今天馬—曲村一帶，這已經被田野考古發掘所證實，只是都城目前尚在勘探發現過程中。

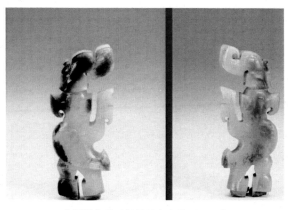

曲沃縣北趙晉侯墓地出土的西周玉鳥

曲沃縣北趙晉侯墓地出土的西周玉熊

從文獻記載和晉侯墓地的發現來看，燮父以下諸位晉侯的史事已不知其詳，晉獻侯穌鐘反映了獻侯從王東征宿夷的事實，晉獻侯墓葬的車馬坑在西周考古發現上規模最大，他應該是西周時期一位頗有作為的晉君。晉穆侯有條之役、千畝之戰，戰爭的對象為戎狄族群；他的兒子晉文侯更是勤王有功，晉文侯二十一年滅韓，拉開了晉國春秋時期開疆拓土的序幕；緊接著其子晉昭侯封其叔父桓叔於曲沃，致有六十七年內戰，國無寧日。從晉昭侯

到晉侯緡，除了晉鄂侯苟且偷生以外，其餘諸位晉侯都被殺害，不得善終。旁支曲沃武公開始大肆擴張領土，透過賄賂周王，以一軍立為諸侯，獻公繼之。這一時期的擴張一開始實際上是一種復仇行為，原因是在曲沃和翼的鬥爭中，不少國族，像荀、董、賈等國，都參與到了支持晉國翼都的一方，後來復仇行為一發而不可收。隨著復仇滅國的擴張，晉獻公盡並這些小國之地而據為己有，伐滅的國族既有華夏姬姓之國和異姓封國，也有戎狄之國。這場擴張戰爭主要是在晉南地區，北至霍州一帶的霍國，西到河津一帶的耿國、冀國，南到平陸、三門峽一帶的虞國、虢國，東到浮山、翼城一帶的先國、霸國。在這次領土擴張之後，晉國基本上擁有了今晉南臨汾、運城兩個盆地平坦富庶的農業區域，為晉國日後的發展壯大奠定了經濟基礎，提供了後勤「地利」保障。文獻上記載武公、獻公時期在晉南滅國十七個，實際上至少有二十多個，甚至占領了今陝西、河南的一部分土地，南面越過黃河占領了虢國國都上陽一帶和三門峽附近的焦國，以致到晉惠公之時有賄賂秦國「河外列城五」之舉，晉惠公雖然在位短暫，但對於晉國的治理也有很大功勞，懷公短命，晉文公勤王被賜予南陽周王畿內之地，晉國開始領有今河南北部黃河以北的大片土地。

晉獻公的婚姻

晉獻公先娶賈君，此賈君當是姬姓的賈國之女，無子；又娶齊國女子齊姜，生太子申生；後來又娶白狄女子大戎狐姬，生公子重耳，小戎狐姬生公子夷吾；最後討伐驪戎，娶驪姬，生奚齊，娶驪姬的妹妹，生卓子。

他娶了多位女子為妻妾。先秦時期貴族實行的是一夫一妻多妾制，其中嫡妻或正妻只有一人，其餘為妾，地位不及正妻。所有子嗣中，以嫡妻的長子作為繼承人，這就是所謂的嫡長子繼承制。死後只有正妻可以與其夫並穴合葬於一處，其餘眾妾只能另外埋葬在別處，或者陪葬在墓主夫婦附近。

　　北趙晉侯墓地就是這樣，嫡妻的墓葬與晉侯並列，眾妾的墓葬位於晉侯夫婦墓葬的北部，作為陪葬墓，像六十四號墓葬晉穆侯與兩位妻子埋葬於一處的現象十分罕見，可能是續娶的繼室為正妻的緣故。按照文獻記載，周代諸侯一娶九女，有被娶國女子的姪娣（妹妹或侄女）相從，有同姓諸侯國的媵嫁（陪嫁）之女。目前看來，西周時期尚比較嚴格地實行「同姓不婚」的制度，到了春秋時期，由於西周晚期以來的禮制和宗法制度進一步被破壞，可能要求就沒有那麼嚴格了，同姓也可以結婚了，像晉獻公所娶的賈君、狐姬和驪姬，皆為姬姓女子。與異姓異族聯姻是十分正常的事情，只有保持與血緣關係較遠的異族聯姻，才能保障繁衍的後代的品質，因此在周代所謂的政治聯姻，或者並沒有那麼嚴重，像周王室與媿姓倗國的聯姻，霸國與姬姓晉國、燕國和芮國的聯姻，都屬於異姓聯姻。雖然在春秋時期出現了同姓聯姻的事實，但在一般情況下，還是以異姓聯姻為主流，凡是破壞這種傳統的人或行為，其實在當時並不為時人所稱賞，而且這種破壞畢竟只是少數。晉文公也納娶了多位妻妾，文獻上記載的就有十位。在周代，姬姓貴族與姜姓、姞姓、媿姓、嬀姓、姒姓等多個族群都有聯姻，同姬姓聯姻的畢竟是極少數。

（左）聞喜縣上郭墓地出土的春秋銅匜鼎；（右）聞喜縣上郭墓地出土的春秋銅匜鼎鼎蓋

聞喜縣上郭墓地出土的春秋銅匜鼎局部

聞喜縣上郭墓地出土的春秋銅匜鼎局部

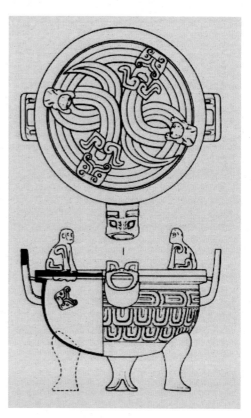

聞喜縣上郭墓地出土的春秋銅匜鼎線圖

聞喜縣上郭墓地出土的春秋銅卮

驪姬的悲劇

驪姬是驪戎的一位美女。驪戎一說是在陝西臨潼一帶的驪山之戎，一說是在晉國東南部的麗土之戎。晉獻公伐驪戎，掠得驪姬，十分喜愛，雖然當時占卜顯示並不吉利，但筮之吉利，大臣史蘇建議以卜為準，不要納娶，但晉獻公好色心切，以筮法為是，堅決要娶驪姬，並寵愛有加，之後與驪姬生了奚齊，與陪嫁女子驪姬的妹妹生了卓子。驪姬姐妹嫁給晉獻公實在是迫不得已，因此她們對晉國伐滅其父族驪國是懷有深仇大恨的。

歷史上記載的所謂紅顏禍國的例子很多，像夏代的妺喜、商代的妲己、周幽王的褒姒等等，其實這些女子本來都是良家婦女，被強權霸占，滅國亡族，本有家仇國恨，又不能與心儀的男子相愛結婚，本身就是一種犧牲品，縱然生有天姿國色，但經此一劫，心如寒冰，帶著一腔仇恨被迫嫁給自己不情願的敵國男人，或者還是一位有多位妻妾的老男人，為了報仇雪恨，她們處心積慮，在其餘生的報復中求得一絲慰藉和快樂，後世人站在所謂正統的立場上提出了紅顏禍水的論斷，其實對於女子本國族群而言，她們都是優秀的女子，她們都是族群的英雄，替其父母、國家立了大功。如果沒有這些弱肉強食的軍事強權政治，沒有這種掠奪美色以填欲壑的行為發生，怎麼會有這些所謂的蛇蠍心腸樣女人的禍國後果呢？晉獻公晚年的驪姬之亂，給晉國帶來了多年難以癒合的創傷，從太子申生的自縊身亡，到奚齊、卓子的被殺，從晉惠公的背信棄義，韓戰被擒，再到晉懷公的高梁被弒以及重耳的十九載流亡，這些都是驪姬之亂帶來的直接後果，但這不是驪姬的錯誤，也不是晉國的錯誤，這是歷史文化制度導致的必然惡果，這更是驪姬的悲劇。

秦晉之好

　　在傳世文獻中，秦國和晉國的接觸，最早是在春秋初年，周平王東遷，秦國其實也是出了力的，當然晉國和鄭國是主力，文獻上有「我周之東遷，晉鄭焉依」的記載，特別是晉國，文侯勤王是很著名的大事，《尚書》中專門有一篇〈文侯之命〉，講的就是這件事。秦國以前在西土，中間隔著豐鎬周王室的王畿地區，晉國和秦國不搭界，而且秦國是後來才被中原華夏集團慢慢地接受和認可的，長期以來被視為西戎。周平王東遷以後，王室無力西顧，將西部大片土地放棄，給秦襄公開了一張空頭支票，讓秦人從戎狄手中去爭奪，《史記‧秦本紀》說「戎無道，侵奪我岐、豐之地，秦能攻逐戎，即有其地」，「賜之岐以西之地」。

　　歷代秦公奮發圖強，開疆拓土，打開了局面，也為周王室爭回了面子。

　　但此時的周王室已經今非昔比，風光不再，諸侯國春秋早中期兼併弒君之風盛行，相對而言，晉國憑藉自己在晉南地區的大國地位和雄厚的實力，在晉文侯到晉獻公時期整合兼併了晉南地區的很多小國，形成了一個地區大國，秦晉接壤，地緣上二國縮短了距離，開始了交往。由於史料的貧乏，我們知道兩國最早的交往就是晉獻公將自己的大女兒嫁給秦穆公。秦穆公也是一位很有作為的君主，秦霸西戎，在諸侯國中聲譽日隆。汾河流域的姬姓晉國與渭河流域的嬴姓秦國兩大國聯姻，本來就屬於兩國政治生活中的一件大事，但因晉獻公寵愛驪姬，又沒有把接班人的事情安排好，使晉國受了一些挫折，走了一些彎路。獻公死後，驪姬姐妹的兒子奚齊、卓子和驪姬都被殺死，流亡在梁國的三公子夷吾在秦穆公軍隊的護送下回晉國即位。但因晉惠公夷吾做人做事缺乏原則和底線，他違背當初答應割讓土地給秦國和封地給大臣的諾言，又在「泛舟之役」的第二年不救秦饑，導致韓原之戰被俘受辱。

聞喜縣上郭墓地出土的春秋陳信父銅瓶

聞喜縣上郭墓地出土的春秋陳信父銅瓶銘文

　　他被俘以後，他的同父異母的姐姐秦穆夫人拚死營救，他的姐夫秦穆公才放其回國，但把他的兒子圉派到秦國作為人質。這個兒子在他姑夫的秦國生活得很好，秦穆公還把女兒懷嬴嫁給他，當然這個懷嬴應該不是他姑姑的女兒，而是秦穆公和其他夫人生的姑娘。可是晉惠公的兒子圉不成器，晉惠公病危時他逃回了晉國，也沒有帶上懷嬴（其實是懷嬴不願隨他），當然秦穆公很惱火。重耳流亡到秦國以後，秦穆公又將懷嬴許配給他，後稱辰嬴，還嫁給他另外一個女兒，稱文嬴，當然這個女兒也不是重耳的姐姐生的，但從輩分上講，重耳和夷吾都是娶了外甥女，在當時這種現象也許是正常的。秦穆公又護送二公子重耳回國即位，稱晉文公。到了晉文公的兒子晉襄公

的時候，又娶了秦國的女子為妻，稱為秦穆嬴。在晉獻公到晉襄公期間，秦晉互婚，而且秦國為晉國兩次納君，又救晉饑，雖然中間有些令人不愉快的小插曲，但總體來看，兩國之間建立的這種親戚關係，為相互往來與和平共處奠定了一定的基礎。因此，這段歷史被傳為千古佳話，那就是「秦晉之好」。這個時期可能也是秦晉兩個大國歷史上關係最好的時期。至今人們對這段佳話仍然津津樂道，可見當時政治聯姻在很大程度上對於穩定雙邊關係，加強兩國交往和相互信任、相互理解、相互幫助，保障兩國人民安居樂業等方面都還造成了明顯的積極功用。

晉惠公的功與過

晉惠公在位十多年，為晉國的發展貢獻厥偉。由於他當年即位心切，對外答應其姐夫秦穆公割地（河外列城五），對內許諾大臣賜田（汾陽之田百萬，負葵（蔡）之田七十萬），也可見當時汾陽、負蔡這些田土尚未分給大臣。在他順利當上晉國國君以後，晉惠公背棄了諾言，確實是有些不擇手段的小人做派。但站在晉國國家利益的立場上，他或者並沒有做錯，更白話一點來說，叫做「國家利益高於一切」，國君怎麼可以隨便將國土割讓給強鄰呢？更何況當時秦穆公護送晉惠公回來當國君，目的也並不單純，他也考慮到自己的國家利益。如果說晉惠公背棄諾言這件事是為了晉國的國家利益，此猶可忍。但不久晉國發生了旱災糧荒，乞糧於秦，秦國君臣商議之後認為，「天殃流行，國家代有」，答應槳糧相助，因此有歷史上傳為佳話的「泛舟之役」，運糧船隊從秦都雍城沿渭河而下，再溯黃河而上，再轉入汾河逆流而上，將糧食運到晉都絳城。「泛舟之役」本來可以緩和秦晉間緊張的矛盾關係，可誰曾想到次年秦國也發生饑荒，乞糧於晉，晉惠公不予救急，這有點太不講道理了，秦穆公大為惱怒，秦國上下義憤填膺，忍無可忍，發動了韓原之戰。秦人負氣東來，士氣高漲，此戰本來晉國理屈，為不義之戰，

結果秦人俘獲了晉國國君晉惠公，囚於秦國的靈臺。大國國君被俘，而且理屈詞窮，上下蒙羞，在晉惠公的姐姐秦穆夫人的努力營救下，晉惠公沒有丟了性命，但此一遭遇，使其銳氣頓挫，他甚至說出假若當初沒有其父納娶驪姬，就不會發生今天這樣的事情，如此追根溯源，的確有些不著邊際，其實自己釀造的苦酒，何必推託到父親那裡？總之，這是一件令晉國人汗顏的事情，但是晉惠公在位期間給晉國的發展強盛奠定了良好的基礎，例如晉惠公遷陸渾戎於伊川，以塞秦人和楚人的通道，牽制秦、楚，就為晉國做了一件大好事。雖然韓原之戰失利，晉國上下蒙羞，但因此而進行的「作爰田」和「作州兵」的改革，對晉國來說又是一件好事。因此，晉惠公在位期間晉國國力並沒有下滑，晉文公稱霸與晉惠公時期的發展密不可分。

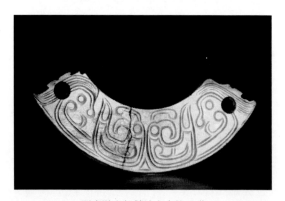

聞喜縣上郭墓地出土的玉璜

晉文公的流亡

晉文公在即位以前，因受驪姬的讒言陷害而被迫流亡國外長達十九年，在這十九年中，他閱歷人間甘苦、世態炎涼，考察了各國的政治、經濟狀況和風土人情，積累了豐富的政治經驗。他不到二十歲就以晉國亡公子身分出亡，在其母國中山白狄居留了十二年，對戎狄的文化有了相當的了解，他先後到過中山、衛、齊、曹、宋、鄭、楚、秦等國，在齊、楚、秦等大國都受

到優厚的待遇，有這些國家，特別是秦國的扶助，他才得以順利返國即位。曹、衛等國的不禮遇，對他也是一種必要的歷練。更重要的是重耳有一批從亡的大臣謀士，像狐偃、趙衰、顛頡等十多人，這些人個個都是治國良才，重耳的成功得益於這些人才很多。還有介子推，《左傳‧僖公二十四年》說他「不言祿，祿亦弗及。……遂隱而死。

聞喜縣上郭墓地出土的玉玦

晉侯求之，不獲，以綿上為之田。」漢代的《韓詩外傳》引申出介子推割股奉君的故事，後來的《新序》又說他背上母親躲逃到綿山之上，後被晉文公尋找不得而焚山燒死，更是無稽之談，演繹得簡直有些令人可笑了，而後又有寒食之說。歷史上真有勝利以後退隱山林之士倒也無可厚非，有些人願意共患難，不願意共享樂，也許有其過人的智慧，但是介子推因為沒有得到晉文公的封賞就如此這般，未免有些言過其實了，後來文人雅士為此還作了很多詩歌文章來鳴不平，那就更是多餘的了。至於介子推退隱之地綿上，自漢代以來就至少有三說，一說在今介休市，一說在今翼城縣，一說在今萬榮縣，顧炎武先生在《日知錄》中已有考證，以翼城縣的綿山為是。晉文公本身就是個駢肋的殘疾人，他到曹國洗澡時不是被偷看了嗎？他的這個殘疾是否與他父親晉獻公娶同姓大戎狐姬有關，難以確知。晉文公在位僅僅八年，他即位之時也不過四十七八，並不像有些書上說他六十二歲才即位，老態龍

鍾了。古人壽命一般都比較短，人生七十古來稀，這與當時的生活、醫療條件有很大關係。田野考古發現的人骨，經體質人類學年齡鑑定，超過五十歲以上的人比較少見，晉文公活了五十多歲，在當時也算是壽終正寢了。

文獻上記載說晉文公到了五鹿這個地方，飢腸轆轆，「乞食於野人，野人與之塊」，向農夫討要吃的食物，農夫給了他一塊食物，他就不高興了。這裡的「塊」應該理解為是一小塊的意思，不是什麼土塊或者器物。狐偃所謂「天賜也」，說的是這一小塊食物都是上天的賜予，應該感激才是。可見晉文公一行在流亡途中忍飢挨餓是經常的事情。正如《孟子》一書所言「天將降大任於斯人也，必先苦其心志，勞其筋骨，餓其體膚，空乏其身」，晉文公經歷了十九載的流亡，終於成大器，開創了晉國霸業，對中華文明的發展貢獻良多。

上馬墓地埋葬了什麼人

侯馬晉國遺址的西南部有一個上馬村，在村東有一大片墓地，這個墓地是周代晉國人的墓地。具體地說，西周中晚期這裡就已經有墓葬存在了，在上馬村的北部以前還殘存有一小片西周遺址，曾經發掘了不到一百平方公尺，證明與墓地的開始時代有關，而今已被破壞，蕩然無存了。

上馬墓地發現的西周時期墓葬都是一些小墓，沒有發現貴族的青銅禮器墓葬，墓葬的數量也比較少，但是到了春秋時期，情況就大不一樣了，在這裡出現了貴族的青銅禮器墓葬，這些貴族大多集中埋葬在墓地北邊的一塊高地上，其中有一部分是夫妻兩個並穴埋葬在一起，部分墓葬附近還陪葬有車馬坑，在這些墓葬的附近也有個別的小墓，這些小墓可能是家族陪葬墓，可見當時的貴族是以北方為較尊貴的上位，這可能也是當時人們的通識。在這處墓地還發現了一千多座小型墓葬，都是普通老百姓的墓葬，這麼多普通老百姓也分很多個家族。特別值得注意的是，這個墓地不像曲沃縣的曲村墓地

那樣貴族夫婦墓葬分布較散，周圍埋葬有很多小墓，而是貴族的較大型銅器墓比較集中，與大多數普通百姓的較小的無銅器墓各有自己的埋葬區域，兩者區分得比較明顯，這說明兩者之間可能不存在直系血緣和親緣關係，貴族家族屬於單獨的群體，他們與大多小型墓葬的墓主人之間可能就是一種統治與被統治的關係。

聞喜縣上郭墓地出土的玉人

從墓主的頭向上來看，上馬墓地的墓主人主要有兩種方向，一種是頭向北，一種是頭向東，重要的是所有貴族墓主的頭向均是朝北的，這說明北向墓主可能是主體族群或統治者族群。這種頭向北的現象與曲沃縣北趙村南的晉侯墓地是一致的，這進一步說明這些貴族就是姬姓周人集團的貴族，他們很可能是被派到這裡來進行統治的上層人物。

來到這裡的還有那些非貴族的周人，他們的墓葬也是頭向北，他們是普通平民，可能與周人貴族血緣關係較遠，也屬於被統治的對象。那些頭向東的墓主人則是當地的原住民，或者說就是唐人的後裔，他們的頭向與曲村墓地那些東向墓主的頭向一樣，他們都是當地土著的後裔。那麼北向周人的平民與東向唐人的平民之間有沒有貴賤之別呢？

單從墓葬本身是看不出來的。這些人能夠埋葬在一個墓地，說明他們可能是居住在同一個城邑聚落中，他們之間應該是融洽的和平共處的關係。這

些平民也是由大大小小很多個家族組成的，他們與貴族應該也是居住在一個城市中，可能貴族另有小城單獨居住，但到目前為止，還沒有發現與上馬墓地對應的古城，或者古城早已破壞無存了，這是一件很遺憾的事情。

同樣有意思的是，貴族墓葬為夫妻並穴合葬的葬制，而普通老百姓的墓葬不存在這種葬制，或不能享有這種禮遇，他們的埋葬方式基本上還是男女各自聚小群埋葬，這說明春秋時期的上馬墓地與西周時期的曲村墓地一樣，貴族和平民採用不同的禮俗而形成了不同的埋葬形式，這同時反映了當時婚姻制度與宗法制度的一些現象。

前面說過，這裡發現有西周中晚期的墓葬，而大部分墓葬，包括所有的貴族銅容器墓葬，是春秋時期的，自春秋早期到春秋晚期都有，也就是說，這個墓地興起於西周中晚期，延續到春秋戰國之際。可是，到春秋中期偏晚的西元前五八五年，晉國的國都遷到了上馬墓地以北的汾河與澮河之間的三角洲高臺地上，在此之前上馬墓地已經存在，並發展了很長時期。同時在侯馬還發現有其他的西周遺址，如驛橋、單家營、南楊、東高和香邑等，這些遺址或墓地的主人就是新田早期即西周時開發居住在這裡的人，是新田的主人。春秋初年晉國貴族四〇七八號墓（三鼎）的墓主人被國君封到這裡，這裡成為他的采邑，一度人丁興旺，甚是繁盛，春秋中期的墓葬數量最多，貴族身分較高，比如上馬墓地十三號墓隨葬了七件銅鼎，出土了大量精美的青銅器、樂器和其他器物，著名的徐國銅器庚兒鼎和一對高大的銅壺就發現在這座墓葬中。西元前五八五年，晉景公之所以把晉國國都遷到這裡，與這裡的經濟、社會和環境基礎有很大的關係。都城遷到新田以後，上馬墓地逐漸衰落，到戰國初年，墓地基本上就廢棄了。這裡的人到哪裡去了？他們又埋到了哪裡？他們為什麼離開這裡？都還是未解之謎，但墓地衰落最大的可能是與三家分晉有關。

聞喜縣上郭墓地出土的玉兔

回過頭來，我們來看上馬墓地埋葬的是什麼人。他們春秋初年被封到這裡，後代生長在這裡，為晉君遷都於此貢獻良多，到了春秋戰國之際又離此而去。這是一支姬姓貴族，能存續到春秋戰國之際的除了韓、魏和智氏，還有誰呢？《左傳‧成公六年》韓厥說：「新田，土厚水深，居之不疾，有汾、澮以流其惡，且民從教，十世之利也。」

因此這裡很可能是韓氏的一支，晉景公遷新田時韓厥之言確實值得回味。三家分晉之後重新劃分了勢力範圍，韓氏的這一支也許都遷到了今長治分水嶺一帶，長治分水嶺

（上）長治市分水嶺墓地出土的東周銅鼎
（中）長治市分水嶺墓地出土的東周銅鼎
（下）長治市分水嶺墓地出土的東周銅鼎

墓地或者就有他們的後裔，或者遷到了其他韓地采邑。上馬墓地也可能是荀息一支的采邑，墓地的衰落也許與智氏的滅亡有關。

晉文公的性格

　　已故著名考古學家蘇秉琦先生在〈晉文化頌〉一詩中有「夏商周及晉文公」句。據文獻記載，周王室衰落，晉文公稱霸，挾天子以令諸侯，尊王攘夷，晉國霸業持續了一百五十年，深刻地影響了東周時期的政治走向和國際形勢。著名的〈呂相絕秦〉中有文公為「虞、夏、商、周之胤」一語，范宣子在追述他的祖先時說「周卑，晉繼之」。作為一代雄主的晉文公，雄才大略，知人善任，自不待言，但他也是一介凡人，十七歲被驪姬所逼，逃亡到其母之國 —— 河西的中山白狄，在此居留了十二年，「以狄為榮」，不想離開這裡。後來到了齊國，得到齊國國君的優厚禮遇，他說「民生安樂，誰知其他」，「吾不動矣，必死於此」，可見晉文公一旦處於較好的生存環境中即安於現狀，有不思進取之心。後來他的隨亡臣子們「醉而載之以行」，他酒醒以後，用長戈追逐著他的舅舅子犯，嫌他們把他強行帶離齊國，這說明他當時並沒有什麼遠大的抱負和對權力的強烈欲望。他過衛國的五鹿時，「乞食於野人，野人與之塊」，他就非常生氣，要鞭打這個農夫，說明他的器量狹小，涵養不足，甚至還不如他的那些隨亡臣子們。晉國的寺人披（勃鞮）多次追殺他，他的小臣豎頭須半路上偷了他的東西逃走而不隨其流亡，起初他都有怨恨報復之心，但最終能夠寬以待人，原諒了他們的過錯，體現了他對這些小人物的寬容。但他過衛國的時候，衛文公不禮遇他，過曹國，曹共公偷觀他的駢脅（肋骨長得連在一起），過鄭國，鄭文公也不禮遇他，這些國家都不同程度地被打擊報復，這說明晉文公也是一個愛憎分明、睚眥必報的人。在即位前，他還派人在高梁城（今臨汾市東北）殺害了他的侄子晉懷公圉。

　　周王賜給他南陽的土地和人民，但陽樊人不服，他就派兵征討，因此就連孔子都說他「譎而不正」。

長治市分水嶺墓地出土的東周銅犧人擎盤

長治市分水嶺墓地出土的東周銅犧人擎盤局部

　　但是晉文公有一批良臣謀士，這是他稱霸的一個決定性因素，像狐偃
（又稱子犯、舅犯、咎犯、中山盜）、趙衰、賈佗、顛頡、魏犨、胥臣、介
子推等等，都是治國良才，沒有這些智囊團的參謀，晉文公很難成就稱霸大
業。晉文公是一個講信用的人，他出亡到楚國，楚成王厚禮相待，但在宴席
上一再追問他，將來如果當上國君會如何報答楚王，言下之意就是要求重耳

當上國君以後承認楚國的霸主地位。重耳機智過人，避重就輕地回答說，假如將來兩國不幸兵戎相見，晉國願意「退避三舍」，也就是後撤九十里以讓楚君，不卑不亢地維護了晉國的大國尊嚴和地位。果然後來兩軍在城濮狹路相逢，晉文公遵守諾言，退避三舍，但楚國大將子玉誤以為晉國軍隊害怕他，軟弱可欺，於是窮追不捨，結果楚軍大敗。這說明晉文公智慧過人，既講信用，又有禮有節，讓楚國君臣不得不服。但晉文公又愛慕虛榮，他採用謀臣建議救周襄王之難以後，向周天子要求「請隧」，就是使用天子的葬禮埋葬。周襄王說這是「王章」，是周天子才能使用的禮儀，周朝不可能同時有兩個天子，拒絕了他的請求。這說明晉文公有非分的僭越禮制的不合理要求，同時也說明周禮的衰落和難以踰越，周襄王無奈賜給晉文公南陽的大片土地和城邑作為補償，這樣晉國的地盤擴大了很多，更重要的是為晉國東進開闢了前沿陣地，為晉國的強盛進一步奠定了經濟基礎。晉文公在討伐原城的時候，約定三天攻下原城，但到了第三天還沒有打下來，晉文公就下令退兵，表明他是講信用的人。

長治市分水嶺墓地出土的東周銅人　　長治市分水嶺墓地出土的東周銅人

晉國軍隊撤行到孟門，原地君臣看到晉文公原來如此信守承諾，就主動請求投降晉國。

總之，晉文公經歷坎坷，經驗豐富，選賢任能，治國有方，雖然在位僅八年時間，卻奠定了晉國一個半世紀的霸業根基，功勳卓著，永垂不朽，但他也只不過是一個凡人，也有自身的個性與不足。

蒲城在哪裡

長治市分水嶺墓地出土的東周龍形玉珮

《國語‧晉語》中記載晉獻公的寵妾驪姬讓佞臣梁五和東關五向國君進獻讒言，說：曲沃是晉國的宗廟所在地，蒲和屈是晉國的邊疆重地，這三個地方都很重要，你把太子申生派到曲沃去鎮守，把公子重耳派到蒲，把公子夷吾派到屈地，防止戎狄來侵犯。於是晉獻公就分別修築了曲沃城（文獻中稱為新城）、蒲城和屈城。我們知道，曲沃新城在聞喜縣上郭一帶，二屈之地在吉縣和鄉寧縣一帶，唯獨蒲地有異議，一說在今山西隰縣，一說在今永濟市蒲州故城一帶，還有人認為在今鄉寧縣或者陝西省的蒲城縣。文獻上記

載「蒲邊秦，屈邊狄」，蒲地與秦接壤，而屈地與狄接近。秦晉相接壤的地方就在晉西南地區，而不在北部山區，河西除了秦以外還有梁、芮和中山白狄等國族，況且按照驪姬的計畫，也不可能讓晉獻公把這兩個公子都派到北邊去守衛邊疆。另外從重耳的逃亡路線來看，他到過南邊的柏谷，後來與狄君田獵於渭水之濱，所以蒲城應該在南邊，重耳所守的蒲，應在永濟市蒲州故城一帶。文獻中記載的蒲城午，在晉獻公死後公子夷吾即位之前，晉國大臣呂甥和郤稱派蒲城午到梁國去見公子夷吾，這時蒲城已經是午的氏稱了，這個蒲城指的是哪裡現在還不清楚。

晉靈公與晉厲公的遭遇

晉靈公和晉厲公這兩位晉國國君都是被卿大夫殺害的，這與以往晉國國君被殺的情況有些不同。晉國的弒君始於兩周之際，西周早中期由於文獻記載不詳，推測可能沒有這種現象。最早見於傳世文獻記載的是西周晚期晉文侯弒殺篡位四年的殤叔，也可以看作是國君殺死國君的現象。春秋早期，晉昭侯把他的叔父成師封到曲沃，之後曲沃一支就與翼都這個正宗展開了權力爭奪戰爭，曲沃一支先後殺死的翼 —— 晉國正宗的國都 —— 的國君有晉昭侯、晉孝侯、晉哀侯、晉小子侯和晉侯緡。由於當時曲沃邑大於翼都，實際上出現了一個國家兩個政府的局面，因此這可以被視為是國君殺死國君的行為。其後旁支曲沃執掌晉國大權，到晉懷公時，晉文公回國即位，派人殺害晉懷公於高梁城，這也可以被視為國君殺害國君的行為。晉靈公和晉厲公的被殺則不同，他們是被卿大夫殺死的，這與晉獻公的小兒子奚齊和卓子被大臣殺死相似，而奚齊和卓子幾乎沒有做過國君，晉靈公和晉厲公又與之不同。由此也可看到，進入春秋時代，這種弒君的現象愈演愈烈。晉靈公是被趙穿殺死於桃園，實際上是與趙盾爭奪晉國權力而被殺的。晉靈公幼年即被扶上國君的位置，而晉國大政由趙盾執掌，後來靈公漸漸長大，想收回治國

大權，但趙盾的勢力盤根錯節，耳目遍布朝廷上下，不得已晉靈公採取了僱傭殺手和設鴻門宴的辦法，但均告失敗。事情敗露以後，趙盾出逃，但沒有跑出晉國就聽說趙穿在桃園把晉靈公殺了，趙盾回來也沒有追究趙穿，反而派他到國外迎納晉成公回來做國君。晉靈公的被殺，完全是晉國卿大夫專權的結果。至於說晉靈公厚斂以畫牆，從臺上彈人以觀其避丸，因熊掌不熟而殺宰夫等等，那不過是為殺晉靈公找的藉口罷了。後來晉景公發動「下宮之役」，也是向專權的卿大夫奪回權力的舉措。但是春秋封建制下諸侯國內分封，造成了卿大夫的割據，卿大夫的權力過於膨脹，私家割據和公室集權的矛盾不斷升級，這種局面已很難扭轉，這是分封制缺陷帶來的必然惡果。

（上）長治市分水嶺墓地出土的東周銅盉；（下）長治市分水嶺墓地出土的東周銅罍

長治市分水嶺墓地出土的東周銅壺

　　晉厲公時期，他緩和了與秦國的矛盾，與楚國達成「弭兵之盟」，麻遂之戰勝秦，鄢陵之戰勝楚，但是為了與卿大夫們爭權而最終被殺。他首先殺害的是郤錡、郤犨、郤至這所謂的「三郤」，在殺了「三郤」之後，他大發仁慈，不忍再殺害欒書和中行偃，結果讓欒書和中行偃將他捕殺，且以車一乘埋葬到早年的國都翼城的東門外邊，落了個可悲可憐的下場。晉國的卿大夫們勢力很大，此後晉國公室對卿大夫們發展私家勢力更是束手無策，晉悼公以後，六卿專政，政在私門的政治局面澈底形成，這為日後三家分晉埋下了伏筆，打好了基礎。在晉國國君之中，唯有晉靈公、晉厲公這兩任國君是卿大夫專權的直接犧牲品。

【新絳】

【新絳】

　　《左傳 - 成公六年》記載，晉景公十五年，即西元前五八五年，晉國都城由故絳遷移到了新田，稱為新絳，原文說：「晉人謀去故絳。諸大夫皆曰：『必居郇、瑕氏之地，沃饒而近鹽，國利君樂，不可失也。』韓獻子將新中軍，且為僕大夫。公揖而入。……對曰：『不可。郇、瑕氏土薄水淺，其惡易覯。易覯則民愁，民愁則墊隘，於是乎有沉溺重膇之疾。不如新田，土厚水深，居之不疾，有汾、澮以流其惡，且民從教，十世之利也。夫山、澤、林、鹽，國之寶也。國饒，則民驕佚；近寶，公室乃貧。不可謂樂。』公說，從之。夏四月丁丑，晉遷於新田。」從地理上來講，新田位於今侯馬市區汾、澮兩河交會的三角洲高臺地上，地勢北高南低，呈緩坡狀，相對平坦，澮河以南有絳山為屏，西北有汾河縈繞，山河之間交通便利，南部絳山與西南峨嵋嶺之間有一狹窄通道 —— 鐵剎關，今名隘口，易守難攻，為天然防護屏障，的確為建都的理想之地。相比較而言，諸大夫所說的郇、瑕氏之地的確有地理上的很多缺陷，例如鹽鹵地土薄水淺，不如新田土厚水深好。從軍事策略角度來講，就更不如新田了，新田進可攻，退可守，進退自如。

侯馬晉國遺址保護標誌

　　晉景公遷都之前所居故絳的具體位置不詳，但其遷都未必純粹是地理上的考慮，可能更多的是政治上的原因：一是趙氏在舊都勢力強大，盤根錯

節,因此遷都後不久,即西元前五八三年,晉景公就發動了「下宮之役」,
族滅趙氏;二是可能舊都經營日久,公田數量漸顯不足,在新絳有「新田」
可補公田之不足;三是這裡交通便利,策略防禦地位重要。「下宮之役」的
慘烈說明故絳末年矛盾尖銳,政治鬥爭激烈。

侯馬晉國遺址出土的東周鳳鳥陶模

侯馬晉國遺址出土的東周人形陶範

173

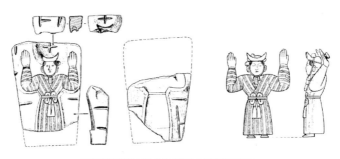

侯馬晉國遺址出土的東周人形陶範線圖

晉景公是一位很有作為的國君，他把國都遷移到這裡，或者有更重要的原因是考慮晉國把守津要，進可攻，退可守，充分利用和發揮表裡山河的優勢，從政治、經濟和軍事幾個方面來看都具有深層的含義。晉國遷都新田以後，霸業持續了百年左右，後來逐漸走向衰落，最後被韓、趙、魏三家瓜分而滅亡。這是封建統治機制和結構內部的原因，屬於體制問題。儘管如此，三家後來都還列入戰國七雄之中，可見晉國遷都新田具有深遠的策略意義。

當然韓厥所謂新田有諸多好處，可能與新田是其采邑有關。我懷疑上馬墓地的青銅器墓葬就是韓氏貴族的墓葬，這裡很可能是韓氏的采邑（當然也不排除是荀氏的可能性），新田在各方面都具有良好的建都基礎，與韓氏的苦心經營也密不可分，因此韓厥所說的話更能說服晉景公。

新田與新絳

侯馬古稱新田，新田這個地名首見於《左傳-成公六年》「不如新田，土厚水深」。「新田」作為地名在中國很多地方都存在，按照《詩經》上對「新田」的解釋，就是耕過兩年的田地，是針對那些菑田和畬田而言的。我們知道，由於古代人口比較少，田地的開墾是隨著人口的不斷增加而逐漸進行的，隨著自然環境的改變，比如氣候的變化、湖泊的乾涸和人口壓力的加大，人們需要不斷開墾新的土地，土地的緊張和人口的不斷增加，甚至導致古代都城的遷徙，晉國都城由故絳遷移到新田，是否存在這種情況，文獻上

沒有記載，但推想這可能也是其原因之一。在晉國都城遷到新田以前，在今侯馬市已經有西周族群存在，例如在侯馬上馬墓地發現有西周墓葬，在墓地北部還遺存有西周遺址，此外還發現有單家營、南楊、驛橋、東高和香邑等西周遺址或墓地，說明晉國遷都以前這裡是有一定的建都基礎的，但所謂的白店古城，絕對不是遷都之前的一個古城，因為一九六二年的工作尚不足以確定這座古城的範圍與年代，這座古城的考古工作還有待深入進行。

侯馬晉國遺址出土的戰國早期陶範

新絳縣柳泉墓地出土的東周銅鼎

新絳縣柳泉墓地出土的東周銅鼎

　　新田是當時的地名，因為這裡以前沒有被開發，因此沒有名字，新田只是開發後臨時的叫法，這樣相沿既久，就成了地名。其實當時叫新田的地方很多，這樣的地名在晉國可能也不止一處，晉國國都遷移到這裡，就把原來都城「絳」這個名字挪用到了這裡。為了區別之前的那個晉都和現在的國都，就把晉國中期的那個絳都叫故絳，把晉景公新遷的這個國都叫新絳，新絳就成了晉都的專有名稱，這個名字一直使用到晉國滅亡。今新絳縣位於侯馬市的西部，它的很大一部分當時其實就屬於晉都新絳，例如晉國晚期新絳時期，晉國國君和卿大夫的家族墓地即位於今新絳縣的西柳泉村南一帶，這裡東北距離晉國「品」字形古城遺址大約十五公里。晉平公時期興建的虒祁宮位於汾河與澮河交會區域，按照酈道元《水經注》上的說法，虒祁宮「背汾面澮，西則兩川之交會也」，「橫水有故梁，截汾水中，凡有三十柱，柱徑五尺，裁與水平，蓋晉平公之故梁也」。酈道元當時所見到的柱子遺跡是不是虒祁宮的遺跡，還不能斷言，但虒祁宮在今侯馬市與新絳縣交界的張王坡上一帶幾無可疑。

　　今張王坡下為當時的「王澤」水域是很明確的，「王澤」其實就是澮河水與汾河水交會之處形成的一個大湖泊，現在由於汾河與澮河水源的減少、

土地灌溉及中上游修築有多個水庫，兩河的水流量變得很小，「王澤」早就不存在了，這裡早已開墾為基本農田了，兩千多年來的這種變化真可謂滄海桑田。現在的新絳縣名是民國時期改稱的，這裡以前就是絳州府衙的所在地，民國所改的新絳縣名，與晉國的新絳其實沒有多少關係，只不過是一種偶合罷了。

侯馬晉國都城遺址的發現

　　侯馬晉國遺址是一九五二年被發現的，時任山西省教育廳副廳長的崔斗辰先生騎著毛驢路過侯馬白店村，在附近斷崖上看到堆積的陶片等遺物，後來派有關工作人員到現場進行了實地調查，確定這裡是一處周代的大型遺址。一九五三年，山西省文物工作委員會組織力量對這處遺址進行了調查。一九五五年，為了配合新興建的侯馬市基本建設的全面開展，山西省文物管理委員會又組織力量對這處遺址進行了為期二十多天的文物普查工作，發現了大面積的東周時期文化遺址。一九五六年，文化部文物局顧鐵符先生率晉南五縣文物普查隊又一次詳細調查了該遺址。同年，文化部文物局與山西省文物管理委員會先後多次下函，要求配合平陽機械廠在西侯馬與牛村之間進行考古勘探與發掘，就在這一年開始試掘遺址。一九五六年發現了侯馬鳳城古城。一九五七發現了牛村古城和平望古城，開始發掘侯馬鑄銅遺址。

1. 侯馬晉國遺址出土的侯馬盟書埋藏情況
2.、3.、4. 侯馬晉國遺址出土的春秋晚期侯馬盟書

177

5.新絳縣柳泉墓地出土的銅鑑花紋局部

　　一九五八年進行了大面積的調查，了解了侯馬晉國遺址的分布範圍。一九五九年發現了上馬墓地、喬村墓地和牛村古城南墓地。一九六〇年中國國務院頒發了《關於加強侯馬地區古城遺址的勘探與發掘工作的通知》，從全國各地抽調專業力量來支援侯馬考古發掘工作。一九六一年發現了臺神和馬莊兩座古城，同年侯馬晉國遺址被中國國務院公布為第一批全國重點文物保護單位。一九六二年調查勘探發現了白店古城。一九六五年發現並發掘侯馬盟誓遺址。一九七一至一九七二年發現祭祀遺址。一九七九年發掘新絳縣柳泉墓地。一九八二年發掘北塢古城。一九八四年發現宗廟遺址和程王古城。到目前為止，在侯馬晉國遺址發現大小古城十一座（平望、臺神、牛村、白店、臺神小城、馬莊、平陽賓館南、程王、北塢、北郭馬、鳳城），祭祀遺址地點十三處（西南張、虒祁、西高、牛村古城南二十一號、程王古城西南、煤灰廠、電廠、電廠擴建區、二水、開發區、中國銀行、北西莊、程王路建築基址），作坊遺址九處（平陽廠鑄銅遺址、製骨遺址、製石圭遺址、平陽賓館製陶遺址、白店鑄銅遺址、西侯馬製陶遺址、新田市場製陶遺址、程王路金屬公司鑄銅遺址、北西莊鑄銅遺址），墓地八處（下平望、東高、上馬、柳泉、牛村古城南、喬村、虒祁、西里）等等。

　　侯馬遺址被確定為晉國晚期的都城遺址，首先是在這裡發現了古城及高臺建築基址，其次是發現了鑄銅、製骨、製陶、製石圭等作坊遺址，又發

現了幾處東周墓地和廟寢祭祀遺址，特別重要的是一九六五年發現的侯馬盟書，盟書中有「晉邦之地」和「晉邦之中」的字句，表明這裡就是晉國國都的所在地。另外從古城遺址和宮殿臺基的規模，各作坊遺址的性質，特別是大型鑄銅遺址的發掘，以及宗廟建築遺址、盟誓祭祀遺址的內涵和年代，墓地的規格和等級，並結合文獻等多方面論證，侯馬晉國遺址就是晉國晚期晉景公於西元前五八五年遷都的新絳都城遺址，該都城遺址最後廢棄於西元前三七六年。

新絳的城市布局

　　新絳是晉國晚期都城的名字，西元前五八五年晉景公遷都到這裡，到西元前三七六年都城廢棄，在此立都兩百零九年，期間晉國霸業由盛轉衰，權力由國君手中漸漸下移至卿大夫手中，最後韓、趙、魏三家分晉等這些大事件都發生在這裡。透過多年的考古工作，這座晉國晚期都城的布局大致明確，在今侯馬市的西北部發現有一組「品」字形的古城，它們分別是平望、臺神和牛村古城，普遍認為它們是當時晉都的宮城。在這座宮城中，牛村古城內圍繞著宮殿臺基還有一座小城，在臺神古城外西南部也發現有一座小城，臺神古城外西北部有三個高出地面的夯土臺基，很多學者懷疑它們是當時的臺駘廟舊址，還有人認為是軍事防禦設施，甚至有人懷疑是虒祁宮，其實都是些推測，並沒有什麼可靠的依據。在牛村古城外的東南部還發現一座小城，即平陽賓館南古城。至於所謂的白店古城，可能根本上就不是原來認識的那個樣子，一九六二年發現的這個古城，因為當時工作所用的時間很短，投入的人力也較少，可能是把分布較密集的夯土建築基址當作了城牆的夯土，因此白店古城目前還存在很大的疑問，它的年代不會早於牛村和臺神古城。此外在牛村古城的東面還發現了一座較小的馬莊古城，再往東偏南還發現有較小的程王古城，東面還有北塢古城、北郭馬古城，它們的面積都不

大。最東面的鳳城古城是一座延續時間較長的古城，最早的建造使用年代是在戰國早期，它的內城與平望古城大小差不多，可能是三家分晉的時候將晉國國君搬遷到了這裡。其實在侯馬市可能還有很多小型古城沒有被發現，除了「品」

字形宮城是為國君居住和辦公使用以外，有人猜測這些小城可能是作為卿大夫居住的宅邸。我看未必都是這樣，它們也可能有其他的用途，例如所謂的府庫，外交使臣往來的賓館等等，賓館的可能性更大一點。

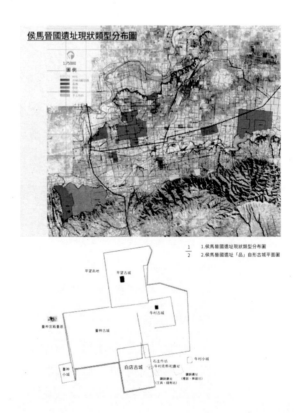

1.侯馬晉國遺址現狀類型分布圖
2.侯馬晉國遺址「品」自形古城平面圖

文獻上記載的虒祁宮位於汾、澮兩河交會處以東，所謂「背汾面澮」，即坐北朝南，從地理上來看，就在今侯馬市張王坡上一帶。這一帶至今還有虒祁村、西賀村等村名，其實這些地名可能都是當時或稍晚叫出來的名字，

虎祁自然就不用說了，賀村其實就是當時晉平公建好虎祁宮之後，各諸侯國紛紛前來祝賀，由此而留下來的地名，如《左傳-昭公八年》：「叔弓如晉，賀虎祁也。游吉相鄭伯以如晉，亦賀虎祁也。」晉國當時的手工業作坊發現很多，種類很齊全，陶器作坊除了牛村古城東南部之外，在更南面的西侯馬、東南面較遠的新田市場以及更東面的地方都有發現，說明當時製陶手工業的興盛，而且當時分工較明確，各個陶窯製造的器物種類是不一樣的，例如牛村古城東南平陽賓館發現的陶窯群是專門製作陶豆的窯場。

侯馬北塢古城東周建築遺址

在侯馬晉國遺址還有大量的遺存沒有被發現，而今所知可能只是鳳毛麟角。從目前的發現來看，新絳都城具有以下幾個特點：一是「品」字形古城的特色，後來的邯鄲趙王城就是仿製它來建的；二是手工業作坊區大多位於古城以南區域；三是左祖右社的布局；四是墓地主要位於古城西南方西柳泉一帶；五是發現的祭祀或盟誓遺址數量多；六是目前尚未發現郭城，是因為我們工作沒有做到，不能輕易下結論，這種發現也許只是時間的問題。

（上）、（中）侯馬晉國遺址出土的東周陶範　　　　　　侯馬晉國遺址出土的東周陶範
（下）侯馬鑄銅遺址出土的東周陶範

白店古城是怎麼回事

　　侯馬晉國都城遺址於一九六一年被中國國務院公布為第一批全國重點文物保護單位，當時還沒有發現白店古城，一九六二年在侯馬市西部白店村北平陽廠以西發現了這座古城。一九七六年《侯馬盟書》出版的時候，公布了一幅侯馬晉國遺址的古城位置圖，其中有平望古城、臺神古城、牛村古城和白店古城，根據這張圖，很多學者認為白店古城早於牛村古城和臺神古城，原因是它們之間存在著疊壓的關係。

　　實際情況並非如此，這要從白店古城的發現過程和後來進一步的工作談起。

　　最初發現白店古城是因為在南部發現了所謂的城牆夯土，隨後就開始尋找城牆和城壕，也許是由於當時工作方法和人力的限制，十幾個人用了十幾天的時間，就發現並勾畫出了一個白店古城，期間還進行了測繪工作。從當時的工作紀錄來看，南城牆保存最好，而且在牆外發現有城壕，其餘三面牆保存都不好，夯土品質也很差，有些甚至連城壕也沒有。我們知道，中國古代的城牆大多是用土夯築起來的，城牆的土一般是就地取材，即在距離城牆外十多公尺處向下開挖一條壕溝，取其中的土來築牆，取土形成的這條壕溝就叫做城壕，一般來說這條城壕都不會很規則，從功能上來說，既有防禦的功用，也有城內排水的功用，到了後來，將這條取土的壕溝修建規整，並蓄水防禦，稱為護城河。其實在周代，城牆外面的壕溝大多是不蓄水的，稱為「城壕」可能更符合當時的實際情況。白店古城如果有城壕，也不過如此。已經發掘的牛村古城的南城壕就是這樣，築城牆取土，人工挖掘而形成不規則形，深淺不一，寬窄不等，城牆到城壕的距離大約十公尺左右，城壕內的堆積物都是後來慢慢填入形成的。

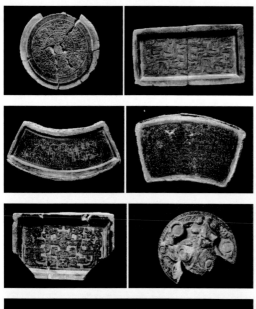

侯馬晉國遺址出土的戰國早期陶範

　　到了一九九二年，為迎接山西省考古研究所侯馬工作站建站四十週年，擬召開一次學術研討會議。為了釐清侯馬晉國這幾座古城之間的年代關係，就想在白店古城做一點發掘工作，首先就需要先找見白店古城的城牆和城壕，就安排我去負責這項工作。我到侯馬工作站資料室查找到一九六二年的工作紀錄和圖紙資料，然後到實地去尋找保存最好的南牆，我們根據圖紙

上標註的位置，結合平陽廠廠區西圍牆這個參考物，找到了所謂的白店古城南牆及其城壕的位置。為了便於以後的工作，我們還在磚圍牆上做了標記，但是透過三個月的勘探，在原來白店古城南城牆和城壕的位置上並沒有找到城牆和城壕。我們擔心由於時間久遠、參考物不準確，所確定的城牆位置有問題，又向南向北鑽探了很大的範圍，還是沒有發現白店古城的南城牆和城壕，但在原南城牆和城壕的範圍內鑽探出來一百多處夯土建築基址，這些夯土基址大小不一，小的不到一公尺見方，大的有十多公尺長寬，夯土厚度不等，深的達六七公尺，淺的僅幾十公分，有些夯土下面還鋪有石頭，在原南城牆的中間位置還發現了一道南北向夯土牆，寬五公尺左右，長一百多公尺，夯土品質普遍較高。另外在很多夯土基址的下面還發現有灰坑，其中的包含物中有陶片，從考古鑽探探孔中帶出來的陶片看，其年代並不早，也就是說這些夯土建築基址的年代也是侯馬晉都新絳時期。

因此我們推測，一九六二年勘探的時候，可能是將這些建築夯土基址誤判為城牆夯土了，因為當時投入那麼少的人力和時間，不可能進行普探。

他們採用的鑽探方法是，隔數公尺遠攔截卡探一下城牆的寬度，如果有夯土，就算是城牆的夯土；如果沒有夯土或夯土寬度不夠，就認為是被破壞了；因夯土品質欠佳，如果超出寬度，就認為有可能是城牆牆體的倒塌堆積。照這樣的邏輯，在夯土基址分布較多的區域勘探就很容易將它誤判為城牆，白店古城的南城牆正是在這樣的區域勘探出來的。但原始紀錄還記錄有城壕，我們發現在很多地段地表以下很淺就到了原生土，連深一點的地層都找不到，這無論如何都不能解釋為有城壕存在，當年的考古工作者是如何找見城壕的，已不清楚，可能也是採用一定間距卡探的方式。總之，不管怎麼說，在原南城牆內外很大的範圍內我們都尋找不到當年所謂的城牆和城壕，我們在原始紀錄標註的其他幾面城牆的範圍也進行了一些調查和鑽探，除發現一些零星的夯土建築遺跡外，一無所獲。因此我們認為至少原來認定的白店古城城垣是不準確或不存在的，這個區域若有城垣，需要重新去確定，那

種認為白店古城年代早於其他古城的說法也無從談起,至於把白店古城說成是與上馬墓地對應的城址的說法,更是無稽之談。

另外還有人認為這裡可能是文獻上記載的虒祁宮的所在,這個問題目前還很難確定,從虒祁宮綿延數里來看,也不是沒有這種可能,今後的考古工作一定能解決這個問題。白店古城的存在與否及其年代的早晚,直接關係到侯馬晉國都城「品」字形宮城的布局問題,關係到東周時期中國城市結構的問題,甚至關係到這一時期及後來中國都城發展演變的問題,因此這個問題是非常重要的一個考古課題。

侯馬盟書盟什麼

一九六五年冬天,在侯馬市秦村西北部要建一座發電廠,在電廠考古工地上,考古人員發現了一些動物骨頭和朱書文字,就趕緊向文管站長官報告。這個文管站就是今天的山西省考古研究所侯馬工作站的前身,在當地,大家都知道侯馬老西街有一個文管站。其實侯馬工作站在一九五六年成立的時候叫做山西省文物管理委員會侯馬工作站,簡稱文管站,這個單位在侯馬建市之初就成立了,它是配合侯馬平陽機械廠的建設,為發掘保護侯馬晉國遺址而產生的,直到一九七九年山西省考古所、博物館和古建所分開的時候,才把侯馬工作站改為山西省考古研究所侯馬工作站。多年以來,侯馬工作站承擔著侯馬市文物行政審批、考古調查、勘探、發掘、保護、研究的重任。直到一九八八年,侯馬市政府下屬職能部門才把文物行政保護管理和文物勘探這兩副重擔承接起來,侯馬工作站只剩下考古發掘和研究工作了。

文管站長官接到報告後,非常重視,立即趕到現場查看,並部署了清理發掘工作。時值隆冬,工作條件相當艱苦,當時已在這個遺址上鑽探發現了四百零一個長方形的南北向小坑,隨即展開了發掘清理工作,共發掘了三百二十六個長方形豎穴小坑,坑內一般僅埋一隻羊、牛或馬,有的坑內

不埋犧牲。在西北部的多座豎坑內還發現有玉石片，這些玉石片上有朱書的文字。所謂朱書，就是用紅色的礦物顏料寫的文字。當時的文字屬於漢代所說的古文，其實就是當時晉國官方通行的文字。還有少量是用黑色礦物顏料書寫的，叫做墨書文字。出這種文字的坑一共才二十多個，但出土的有文字的玉石片數量多達一千餘件，後來出版的《侯馬盟書》報告才發表了六百多件。這些文字紀錄的是當時盟誓活動的一些內容，文獻記載將它們叫做載書或盟書，侯馬載書和侯馬盟書的命名是陳夢家和郭沫若先生首先提出的，非常符合實際情況。

侯馬晉國遺址出土的春秋晚期侯馬盟書（K16：3）

那麼侯馬盟書的內容是什麼呢？簡單地說，有以下幾種：第一種只有一篇，寫盟主的禱誓內容，「余不敢……審定宮平陟之命……不率從違書之言……」；第二種是同宗的趙氏的盟誓文書，寫這些參加盟誓的人各自所起

誓的內容，這些人一般只書名而不書姓，內容主要為某某「剖其腹心，以事其主」、「盟定宮平陟之命」、「守二宮」、不得「志復」被打擊對象，並與之盟誓，其中根據打擊對象的多少又可以分為四小類；第三種是自誓類，要求比較嚴厲，發的誓也較重，內容主要為「自誓於君之所」，「敢偷出入……之所群呼盟者」、「復入之於晉邦之地」等等就要受到嚴厲的懲罰；第四種是反對納室的，即反對強占人家的家室和財產；還有一種是詛咒敵人的；另外還有卜筮和其他一些內容的文字材料。這批盟書所反映的歷史事件肯定與晉國晚期晉陽趙氏與邯鄲趙氏、范氏、中行氏的戰爭有關，但侯馬盟書又是在較長一段時期內才形成的，盟書中雖然有「中行寅」名字的玉石片，但我們不能據此將盟書年代確定在西元前四九七至前四八九年，原因是中行寅逃奔到齊國後賊心不死，到西元前四六八年還在打聽晉國國內的事情，而且他活了很長的時間，又有齊國作為後盾，因此不排除他伺機反攻的可能性。在侯馬盟書中也明確寫著如果膽敢讓敵人「復入」的話要如何處置的誓詞，「復入」的意思就是「以惡入」，說明當時已經把范氏、中行氏等趕出了晉國，他們很可能已經逃到齊國了，那麼這些「復入」的侯馬盟書的年代就一定早不到西元前四八九年以前了。另外侯馬盟書還提到趙孟，文獻中稱趙孟的人有好幾位，如趙盾、趙武、趙鞅、趙無恤等，但更多的記載反映出主盟人是趙嘉，趙嘉是誰，爭議很大，而且打擊對象中的趙尼也不見於傳世文獻。這些都說明大多數盟書年代較西元前四八九年偏晚，但不管怎樣，最晚也晚不過西元前四五八年，即智、韓、趙、魏四家瓜分范、中行氏土地之年，如此看來，侯馬盟書的年代仍在春秋晚期，到不了戰國早期。

侯馬晉國遺址出土的戰國早期陶範

　　趙簡子與邯鄲趙氏因為衛國貢獻的五百家人口而發生矛盾，本來二趙氏有血緣親情，雖略有點遠，但畢竟血濃於水，可趙簡子認為邯鄲趙氏欺騙自己，就殺了趙午，趙午的兒子趙稷當然不干了，就聯合姻親范氏和中行氏尋仇，由此引發了戰爭。開始趙鞅是被晉君討伐的對象，因為他擅自做主殺了邯鄲趙午，屬於始作亂者，按照晉國律令，「始禍者死」，因此史書記載他「入於晉陽以叛」，後經大臣智伯從中調和，又加上趙簡子跑進公宮和國君盟誓，趙鞅反過來成了正義之師，邯鄲趙氏一方則成了叛賊。這場戰爭打得比較激烈而漫長，持續了八九年，齊國、衛國和鄭國等也加入，最後還是把邯鄲趙氏一系給打敗了。

　　其實從侯馬盟書的內容來看，各參盟族群打擊的對象是不同的，打擊對象由少變多是侯馬盟書形成早晚的一個順序，也是盟書坑的埋藏順序，打擊的敵人最多達到九氏二十一家。打擊對象的不斷增加，說明這場鬥爭的複雜性和敵對勢力的強大。這個階段打擊的對象中倒不見范氏和中行氏，多見趙氏和狨氏，這個狨氏肯定不是范氏，種種跡象表明，這批盟書年代不會很早，與趙簡子沒有直接關係。

　　侯馬盟書一經面世，立刻引發熱烈討論，古文字學家、歷史學家，如郭沫若、唐蘭、陳夢家等等，都著文對這批材料的文字、年代、主盟人、事件和性質等發表意見。可以說這批盟書材料是首次見到出土的可以與文獻對照

的盟誓資料，使我們看到了兩千幾百年前晉國人用毛筆書寫的文字，為古文字研究提供了寶貴的實物，對歷史研究來說也是一批珍貴的文獻史料，它對於認識當時的盟誓內容、禮儀及過程等都具有非常重要的意義和價值，而且也為書法史提供了獨一無二的真實資料，它是人類智慧與意識形態的結晶，是一份豐厚的人類文化遺產。

晉國的宗廟

晉國晚期都城自西元前五八五年遷到新田，都城的名字叫新絳，晉國在這裡建都經營了兩百零九年，最後到西元前三七六年被韓、趙、魏三家滅亡。古人非常重視祭祀祖先，他們認為祖先是有靈魂的，可以庇佑子孫，也會給子孫帶來災禍，因此古人對祖先十分虔誠和恭敬，常常要舉行各種祭祀活動，以求得祖先的庇護，有什麼大的行動，比如每次出兵打仗前後，都要告廟。國都的遷移當然是更重要的大事，建都的時候要先為祖先建好宗廟，然後才建造活人居住的宮殿和房舍，這是當時各國都要遵守的規矩，就是說要首先把祖先的靈位安置好，才可以考慮在世的君臣及其家族子孫。

那麼晉國的宗廟有哪些記載和發現呢？

唐叔虞初封於故唐國，唐的都城在哪裡還不能確定，宗廟自然也不清楚，但唐叔虞的國號之所以叫做唐，是因為周成王滅了舊唐國，把他的弟弟叔虞分封到唐地來續守故唐國的祭祀。東周以前，古人滅國不絕祀，因此仍然保留其國號，保留其祭祀，就像周王朝保留商王朝的亳社一樣，唐叔虞也要保留故唐國的祭祀，因此在唐都一定有故唐國的祭祀遺跡，只是目前還沒有發現而已。叔虞的兒子燮父將國都從唐都鄂遷到了晉地，即今曲沃縣天馬－曲村遺址一帶。曲村也有宗廟，因為這裡的都城牆垣還沒完全被發現，宗廟也沒有著落，但是我們從北趙晉侯墓地一一四號燮父墓葬中出土的晉侯青銅鳥尊上的一篇銘文可以知道，這個新都是有宗廟存在的。

這篇銘文的內容是「晉侯作向大室寶尊彝」。這個「晉侯」就是晉國的第一代晉侯燮父，大室就是太室，是宗廟的別稱，「向」是宗廟的名字，由此我們知道晉國早期都城內宗廟的名字叫做「向」，至於這個「向」是在唐都鄂還是晉都翼，現在還說不清楚。到了晉穆侯的兒子──旁支曲沃桓叔（成師），也在曲沃建有宗廟，雖然故曲沃的所在還沒有最後落實，但大致在今聞喜縣上郭遺址一帶幾無異議。這個宗廟長期延續使用，到故絳作為都城時曲沃宗廟還在使用。據文獻記載，晉獻公的時候建立絳都，把國都從翼遷到了故絳，他的愛妾驪姬陷害三個公子的時候就說過「曲沃，君之宗也」的話，就是說曲沃是當時國君的宗廟所在地，位置很重要，因此就讓晉獻公把太子申生派到曲沃鎮守，而且還建造了新的曲沃城。晉文公死後，「殯於曲沃」，殯就是停屍待葬的意思。為什麼要殯於曲沃？因為曲沃是當時晉國的宗廟所在地，因此故絳和曲沃絕對不在一個地方。傳說子犯編鐘出土於今聞喜縣，也就是故曲沃，如果這個傳說不誤的話，則說明晉文公的舅父子犯很可能埋葬在故曲沃一帶。文獻中還記載子犯、隨會、陽處父等晉國卿大夫都埋葬在九原這個地方，從邏輯上來講，子犯若埋葬在故曲沃，則其他的晉國貴族也埋葬在那裡，晉國貴族的九原墓地很可能就在故曲沃一帶。晉文公之所以殯於曲沃，不僅因為當時晉國的宗廟在這裡，很可能他也被埋葬在故曲沃一帶，晉國故絳時期的另外幾位晉國國君也應該埋葬在這裡，但與子犯這些貴族可能不在一個墓地，國君與貴族家族的墓地很可能像天馬－曲村遺址的北趙晉侯墓地和曲村墓地一樣是分開的。我們認為這個模式之所以沒有改變，也是有文獻根據的，叔向與趙武遊於九原的時候提到晉國大臣是埋葬在同一個墓地的，況且自西周開始，晉國國君的墓地就獨立出來了，到這個時候不可能又混在一起。即便是其他諸侯國，國君的墓葬和一般貴族的墓葬雖然埋葬在一個大墓地，但其間的界線還是比較明確的，三門峽虢國墓地就是這樣。因此，即便國君與卿大夫家族都埋葬於一個公共墓地，其間也有明確的界線，這一點是毫無疑問的。那麼故絳都城還有沒有晉國的宗廟呢？或

者說曲沃宗廟有沒有遷到故絳呢？在故絳沒有發現以前，我們推測至少在晉文公時還沒有遷徙，但故絳距離曲沃一定不會太遠。

晉景公遷都新田，在新絳建都建造了宗廟，但武宮等廟還在曲沃，按文獻記載，晉悼公即位的時候，先到晉武公的宗廟武宮朝拜，然後才即位，這時武宮還在曲沃。因為晉武公是曲沃旁支的開國之君，備受尊崇，為旁支祭祀始祖，晉平公時，還要「烝於曲沃」（《左傳‧襄公十六年》），說明晉武公的宗廟還在曲沃，但後來文獻中很少提及曲沃晉武公的宗廟，再後來這個曲沃邑還成了欒氏的采邑，不知何故。在三家分晉以後，曲沃邑又為晉國國君所有，晉幽公時，晉君「獨有絳、曲沃，餘皆入三晉」。

在侯馬晉國都城遺址發現了十多處祭祀或者盟誓的遺址，其中都城以東的程王路一帶發現大型的建築遺跡多處，在這些建築遺跡的周圍，發現了多處祭祀或盟誓的坑穴，文獻上稱為「坎」，這些坑穴深淺不一，一般都是長方形，南北向，坑穴內多放置一具完整的羊、馬、牛的骨架，很多坑穴內還放置玉石器，也有很多坑穴內沒有發現遺物，推測當時放置的是牲肉或者牲血一類的東西。著名的侯馬盟書就在宗廟遺址南面大約一公里的地方發現，目前的發現表明，這些坑穴圍繞著程王路建築遺址，在其外圍形成一個環形祭祀或盟誓帶，因此考古學家推測程王路一帶的建築遺址是當時晉國的宗廟遺址所在地。透過發掘這些建築遺跡，我們發現，當時晉國也有毀廟與遷廟的行為，後來韓、趙、魏三家分晉，將最後幾位晉國國君遷到了晉東南山區端氏，後來又遷到屯留一帶，後廢為庶人，「晉絕不祀」，也就是說晉國從此在歷史舞臺上消失了。但為什麼在太原晉陽一帶保存有傳流至今的晉祠呢？甚至這個晉祠據說當初就是祭祀唐叔虞的，後來才把聖母邑姜的廟作為正殿祭祀。其實這些東西都是後人的附會與溢美之舉。我們知道，晉國中晚期祭祀的祖宗一直是晉武公，晉武公是旁支的開國始祖，這個時候唐叔虞早已不作為重要的祭祀對象了，只是仍然把他視為晉國的開國始祖，在傳世的晉公盆上有「吾皇祖唐公」如何如何，在《左傳》中，晉國晚期還說「唐

叔」如何如何，到三家分晉以後，恐怕就連晉武公都不祭祀了，各家祭祀各家的始祖了。晉陽的趙氏是嬴姓，而非姬姓周人的後裔，就連與周、晉同姓的韓、魏二氏都不祭祀唐叔虞，趙氏又怎麼可能祭祀唐叔虞呢？最早將晉陽這裡說成是叔虞所封的唐和燮父所徙的晉的，是漢代班固的《漢書‧地理志》，也就是說漢代以來很有影響力的一種說法是叔虞所封的唐和燮父所遷的晉就在晉陽，晉祠當是漢代以後的人在這裡建造祠堂來祭祀唐叔虞。其實這不過是後人對歷史的誤解罷了，至今仍以訛傳訛，相沿既久，後人便不識其真實歷史的本來面目，倒也不足為奇了。

晉國青銅器鑄造業的輝煌

　　青銅器是夏、商、周三代最為重要的一類器物，青銅禮樂器是規範當時人們社會行為的禮制的載體和表現物，其他種類的青銅器，如兵器、工具、車馬器和生活用器等等，在當時人們的社會生產中都發揮了重要功用。青銅器原料的開採、冶煉和青銅器的鑄造本身就是一項浩大的工程。眾所皆知，中國青銅器起源於新石器時代晚期，但鑄造大型禮器和兵器則始於夏代，到了商代晚期，青銅器鑄造業達到了第一個高峰時期，春秋晚期又達到了第二個高峰時期。西周時期，由於集權政治的發達，周王室對青銅資源的控制力相對較強，在周天子控制區域內，分封的諸侯國恐怕大多是不能獨立冶煉和鑄造青銅器物的，目前在晉國遺址中沒有發現西周早中期的鑄銅遺物。西周晚期，周王室衰落，春秋初年二王並立，周天子更是威風掃地，從此一蹶不振，各諸侯國也逐漸不把周天子太當一回事了，因此各諸侯國自己自起爐灶鑄造青銅器了，各地的鑄銅遺址也多有發現。在晉國的都城天馬－曲村遺址就發現了春秋早期的陶範，主要集中於 J7 區，這個時期正是翼與曲沃內戰時期，鑄銅陶範的發現表明晉國早期的都城翼仍在天馬－曲村遺址附近，同時表明晉國當時可以獨立鑄造青銅器。

　　春秋中期的大遺址和墓地尚待發現，鑄銅遺址也沒有著落，但春秋晚期晉國的鑄銅作坊遺址早在一九六〇年代就已經發現了。在晉國晚期都城侯馬新絳遺址牛村和臺神古城的南部，發現了數以萬計的鑄銅遺物，幾乎囊括了春秋晚期和戰國早期的所有青銅器種類。鑄銅遺址、遺物在今侯馬市東部的北西莊和程王路等地也有發現。鑄銅遺址面積較大，說明當時晉國的鑄銅業相當發達，鑄銅工藝和技術較前有了長足的進步，從模範設計到製作技術，從模組印範到分範合鑄等等複雜工序，分工愈加細密，展現了晉國青銅器鑄造業的高超技藝水準。總之，無論是鑄銅遺址的規模、發掘面積、出土遺跡、遺物的數量，還是鑄造技術、工藝水準等，都反映了當時晉國鑄銅手工業的發達程度。雖然戰國早期晉國公室衰落，但青銅器鑄造業仍然持續發展。

　　二〇〇三年在侯馬西部白店村西北發現的侯馬白店鑄銅遺址，出土了大量鑄銅遺物，其精美的程度絲毫不亞於以往發現的鑄銅遺物，而且這批陶模範年代較以往發現的要略晚，正好填補了戰國早期晚段鑄銅遺存的空白。出土陶模範中發現了很多新的類型，例如印章陶模，還發現了以往未見的幾種花紋，這些鑄銅遺物的花紋與戰國時期青銅器上的紋飾是可以對應的，例如白店陶模上的花紋與柳泉墓地青銅器和河北中山王墓青銅器的紋飾一致，表明晉國青銅器鑄造業並沒有隨著晉國公室的衰落而衰落，相反，隨著晉國整體實力的增強，鑄銅手工業更加興旺發達。

侯馬晉國遺址鑄銅陶範出土情況

晉景公掉進了廁所

　　在晉國歷代國君中，晉景公算是較有作為的一位君主，大家耳熟能詳的是他在西元前五八五年將晉國國都從故絳遷到新田；他發動了「下宮之役」，留下了千古流傳的趙氏孤兒的故事；他伐滅了晉東南一帶的潞子、甲氏和其他赤狄部落；他勵精圖治，通吳，敗齊、楚、秦這些大國，等等。據《左傳》記載，這位雄主，在晚年得病，做了一個噩夢，召來桑田的巫人解夢，巫人說：國君您病情嚴重，恐怕嘗不到新麥了，意思就是說在嘗新麥祭祀社稷之前，晉景公就要一命歸天了。後來晉景公的病情日漸嚴重，就派人到秦國找名醫，秦國國君就派來一名叫緩的名醫。在緩到來之前，晉景公又夢見兩個小孩子講話，說名醫來了我們往哪裡躲呢，最後商定說居膏之上肓之下。緩來了以後說，晉景公的病無法治癒了，因為「病入膏肓」，這個成語就是這麼來的。晉景公聽了醫生的話以後，說緩的確是個好醫生啊，並派人贈給他一份厚禮，把他送走了。

　　轉眼間到了六月，麥子熟了，晉景公想行嘗麥之禮，就叫下人獻麥，並叫廚房蒸好饅頭，派人把桑田巫叫來，憤怒地說：你不是說我吃不上新麥子了嗎，你看這是什麼，準備殺了這個桑田巫。晉景公拿起饅頭準備吃，突然肚子脹得疼痛難忍，趕緊跑去上廁所，結果廁所塌陷，晉景公掉到了茅坑裡，溺死了。文獻記載說晉景公的僕人在天亮之前也做了一個夢，夢見他背著晉景公升天，結果到了晌午，他把晉景公從廁所裡背出來，後來也就跟著殉葬了。

　　這個故事很有趣，夢怎麼就如此靈驗呢？其中談到三個夢，兩個是晉景公的夢，一個是僕人的夢，都屬於先驗型的。其實，自然界的確有很多神奇古怪的事情不是科學所能夠解釋的，做夢的經歷我們大多數人都有過，先驗或預兆型的夢的確不少，也沒有什麼科學道理可言，這與日有所思夜有所夢也不完全相同。再說那個巫，他怎麼就能夠斷定晉景公不能嘗到新麥了呢？

他又不是大夫，而且在醫生來之前，就已經下結論了。

其實這可能是一個真實的故事，古代的巫是知識分子，與祝宗卜史一樣，他們可能都懂得解夢、占星、周易、相面等術數。我們知道，古代要在學校學習的六藝，就是禮、樂、射、御、術、數，這些都是必修課，桑田巫可能在當時的晉國是比較有名氣的巫人，不然晉景公也不會派人去請他。之所以古代流傳下來的解夢、卜筮、相面、算命之術能夠如此靈驗，關鍵在於它們都是經驗的積累與總結，而不是科學。試想我們的文明史至今不過幾千年而已，即便是中外極具爭議的夏代，距今也不過才四千年左右，可是人類的存在已經是幾百萬年的事情了，拿幾千年與之前的幾百萬年來比，不過是歷史中短暫的一瞬，幾百萬年間人類經歷了漫長的演變、進化和探索過程，在此過程中雖然沒有文明、沒有科學，很多東西都缺乏，甚至連文字也沒有，但卻有語言、有思考、有經驗、有技能，雖然蒙昧，甚至野蠻，但並非一片空白。在這漫長的歷史過程中，人類經驗的積累達到了一個個高峰，一些非現代意義上的科學，例如《周易》及其前的《連山》、《歸藏》等等，都是經驗積累的結果，甚至中醫的一些傳統技藝等都是人類智慧和經驗的結晶，雖然它們不可能達到百分之百的正確率，但其中必然蘊含著極高的機率，這種經驗累積的結果就具有了一種可能性中的或然性，甚至必然性，《左傳‧昭公十二年》記載的「三墳」、「五典」、「八索」、「九丘」可能就是遠古人類智慧的結晶。晉景公的病入膏肓，用今天的話說可能就是癌症。

晉景公對夢的解析將信將疑，不相信桑田巫說得就那麼準確。其實桑田巫也不過是根據學習的經驗知識而說的，他可能也沒有想到晉景公會活到嘗麥之時，當時肯定也被嚇得半死，因為這種經驗的東西畢竟不是百分之百的應驗，但巧合的是晉景公恰恰沒有嘗到新麥而掉進廁所溺死了，這更增加了桑田巫的名氣與聲譽。

晉景公怎麼就掉到廁所裡了呢？那是什麼樣的廁所，怎麼就能把一個成年人溺死呢？我推想那種廁所一定是比較深的大袋形坑，就是口部較小、腹底部較大的深坑，口部小，上面才好放上木板或石板等物供人蹲站，底部大而上下深，才能容下較多的便溺，也只有較深的茅坑才能把晉景公溺死，口小底大才會塌陷。今天在山西晉東南農村仍然存在這種廁所，只不過是由磚砌成，外抹一層水泥，有的就直接往土坑中放一個深腹缸或甕，在其口部放置兩塊水泥板或石板。古代當然沒有水泥了，試想那種土坑底大口小，又不斷被坑內的便溺浸泡腐蝕，塌陷的可能性很大，再加上晉景公病重，若不是茅坑塌陷，就是踩踏的板子翻陷，或者是他老人家昏厥過去，一腳踩空掉進去了，可憐一代國君竟落了這麼個下場。

　　提起廁所，我們很容易想到漢代的那種模型式的廁所明器，上面是廁所，下面是豬圈，當時南北方大同小異，這是資源的二次利用，這種廁所至今在南方農村還比較多見，這就是歷史文化傳統的傳承與延續。可是在田野考古工作中，發現並確認的廁所是極為罕見的，比如新石器時代到東周，各時代的廁所是什麼樣子，並不是都很清楚，原因是我們沒有這方面的考古意識，比如考古發掘了那麼多的灰坑，它們的實用功能就不一樣，其中有些可能就是廁所。發掘一處古代的遺址，挖了那麼多的房子、窖穴、陶窯和墓葬，還有那麼多的灰坑，怎麼能沒有廁所呢？主要是我們沒有想辦法分辨。要想釐清這些灰坑當時的實用功能，就需要在所謂的灰坑中提取土樣化驗分析，這樣才能釐清那麼多「灰坑」的實際用途，或者大致釐清當時哪些坑是廁所、哪些是豬圈、哪些是儲藏的窖穴，又有哪些是具有其他功能的場所。這些看似簡單的問題，真正做起來其實並不容易。但是有這種意識與沒有這種意識，其結果是完全不一樣的。

晉吳通使

　　吳國相傳最早是周太王的兒子太伯、仲雍所建，因處東南蠻夷之地，斷髮紋身，裸以為飾，向來被中原華夏族群視為異己，因此長期以來吳國與中原諸國不相往來。晉國與楚國之間的交往，考古資料顯示最遲發生在西周晚期，史籍上有楚材晉用的典故，申公巫臣就是一個典型的例子。因為一個妖豔的女人，楚國大臣們爭風吃醋、爾虞我詐，申公巫臣最後攜帶這個女人逃奔晉國，受欺騙的楚大臣子重、子反殺了申公巫臣的本族家人，為此申公巫臣痛苦萬分，決意報復楚國，並函告子重和子反，讓其「疲於奔命」而死，這個女人就是夏姬。

傳世的東周吳王夫差鑑

傳世的吳王夫差鑑銘文拓片

（左）傳世的春秋晚期趙孟庎壺；（中）傳世的春秋晚期趙孟庎壺銘文
（右）傳世的春秋晚期趙孟庎壺銘文

　　夏姬本來是鄭國女子，嫁給陳國夏御叔（或認為是嫁給了夏徵舒），史書說她天生麗質，不守婦道，勾引眾多男子，「殺三夫一君一子，而亡一國兩卿」。申公巫臣來到晉國以後受到晉景公的熱情接待，還被封到了邢地，稱為邢侯。申公巫臣就向晉景公提出他要到吳國去教吳人車戰，以牽制消耗楚國，晉景公欣然應允。此前吳國與晉國基本沒有什麼往來，雖然吳國也是姬姓國家，但地處東南偏遠之地，習於水戰而不諳車戰，今有人來主動教吳人車戰，對吳、對晉都是好事，晉、吳兩國無形之中結成了聯盟關係。對申公巫臣來說，更是逞勇逞能、報仇雪恨的大好機會。從奪夏姬到奔晉，再到使吳，我們可以看出申公巫臣是一位謀算很深的老夫子，他與其子來到吳國以後不辱使命，教會吳人車戰的本領，大大增強了吳國軍隊的實力，使得吳國有膽量、有能力與楚國抗衡，透過數年戰爭，讓楚國大臣子重、子反一年之中應付七次戰爭，果然是「疲於奔命」，這個成語就是這麼來的。申公巫臣使吳的意義遠不止於此，他促進了吳、晉之間的文化交流，後來晉、吳之間還曾通婚，晉平公嫁女於吳國。在考古上，我們發現很多吳國的器物在晉地出土，這充分說明吳、晉之間交流的加強，可舉的例子有吳王夫差鑑、吳

王光劍、吳叔戈、吳王姑發諸樊之弟劍等等，在太原晉源區金勝村發掘的趙氏墓地也發現有吳國的器物，還有像趙孟斧壺這一對用吳王賜給的青銅製作的晉國青銅器，這些都是兩國交往的重要物證。吳公子季札也曾來過晉國。後來吳王夫差也想成為一代霸主，北上黃池與晉會盟爭雄，想圓霸主之夢，由於晉國卿大夫們各自為了發展壯大自身實力與擴張地盤，已無心關注晉國在列國諸侯中的霸主地位問題，並未阻止吳國稱雄，但吳國卻突然後院起火，越王入侵，短暫的輝煌轉瞬即化為泡影，從此一蹶不振。

趙氏孤兒的真實歷史

趙氏孤兒是指趙武，死後謚稱趙文子。元代戲曲家紀君祥創編的雜劇《趙氏孤兒》，使「趙氏孤兒」的故事在民間廣為流傳。

那麼趙武為什麼會成為孤兒？趙武的母親是晉成公的女兒、晉景公的姐姐趙莊姬，她嫁給了趙朔。趙朔是趙盾的兒子、趙衰的孫子，在西元前五八九年鞍之戰前已經去世。他的遺孀趙莊姬寂寞難耐，遂與趙朔的叔叔趙嬰齊私通。姦情敗露後，為了維護趙宗尊嚴，趙嬰齊的親兄趙同、趙括以小弟的這種傷風敗俗的行為有辱門風為由，將趙嬰齊驅逐出晉國，趙嬰齊逃奔齊國。情人趙嬰齊的被逐出奔，引起了趙莊姬的切齒痛恨，她決心尋找機會報復，後來她向弟弟晉景公誣告趙同、趙括要發動叛亂，再加上本來對趙氏心存芥蒂的大臣欒書和郤氏的證言，晉景公以此為藉口，對早就想除掉的私家勢力雄厚而又專權的趙氏發動了滅族行動。西元前五八三年，也就是晉景公遷都新田（新絳）後的第三年，發兵圍困趙氏下宮，捕殺趙同、趙括家族，血洗趙氏，並收回了趙氏的采邑封地，賜給新興的公室大夫祁奚。此時趙莊姬帶著兒子趙武養於晉景公的公宮之中。這個歷史事件，史稱「下宮之役」或「下宮之難」。「下宮之役」為什麼要族滅趙朔一支？因為趙朔與趙同、趙括、趙嬰齊為侄叔關係，而趙武因其母親的緣故，未被殺身，後來趙

武長大成人，經與趙氏親近的大夫韓厥等出面薦舉，晉景公又立趙武為趙氏後嗣，返歸其田宅，其實這些都只不過是走走過場罷了。

同樣一件事情，司馬遷的《史記‧趙世家》卻描述得活靈活現，而且紀年在晉景公三年，即西元前五九七年，增加了程嬰、公孫杵臼、屠岸賈這些人物，說屠岸賈假傳君命，堅持要族滅趙氏，趙氏家臣程嬰和公孫杵臼藏匿趙氏孤兒於山中。記述這些為主賣命的俠義之士的話，顯然是出於戰國時人們的杜撰和傳說，與較為可信的《左傳》和其他史書不相契合。後世傳說在此基礎上又不斷增飾，至今在山西盂縣還有傳說趙氏孤兒藏身的藏山。這怎麼可能呢？盂縣在東周時為仇由國統轄，春秋末年智伯將要伐仇由，因為道路不通，兵車難以進入，智伯就詐稱為仇由國君鑄造了一口大鐘，要用大車運來送給他，但要求仇由國把通車的道路修好。仇由國君貪此大鐘，信以為真，且聽不進去大臣的勸阻。之後晉國軍隊透過這條大道長驅直入伐滅了仇由。說起這樣的大鐘，在侯馬晉國鑄銅遺址確實發現過很大的鐘體和鐘枚的陶範，推想其鐘的高度有一公尺多高，可見智伯滅仇由的故事不是虛傳。當時晉國的主要統治區域還在晉南，最遠能到介休一帶，趙武怎麼可能被帶著藏到盂縣的山裡呢？而且文獻上明確地說他是被「蓄於公宮」，顯然是跟隨著他的母親。既然在國君居住生活的公宮中生長，其舅舅晉景公哪可能十幾年都不知道。晉景公的遷都與族滅趙氏有一定的關係，而且按照《史記‧趙世家》的說法，趙朔當時還健在，他的妻子趙莊姬私通於其叔父趙嬰齊，趙朔本來就是受害者，何以也要被族滅呢？

因此透過比較分析，我們認為《左傳》和《國語》等是實錄，而《史記‧趙世家》乃為傳說演義，作為小說讀可以，作為史料來用則萬萬不可。

情人的力量

　　愛情是人類永恆的話題，在晉國歷史上，有幾件涉及男女關係的事情，頗有意味。一件就是因為晉景公的姐姐趙莊姬而引發的族滅趙氏的「下宮之役」。

　　且不論趙氏如何執掌晉國權柄，危及國君，引起國君的警惕，早已有剷除趙氏之心，單說趙莊姬這次誣告趙氏一事，確實給了晉景公一個再好不過的藉口。趙朔早亡，趙朔的妻子，即晉成公的女兒、晉景公的姐姐趙莊姬，與趙朔的叔父趙嬰齊私通。姦情敗露以後，趙嬰齊的兩位哥哥趙同、趙括認為這件醜事有辱趙氏門庭，就將趙嬰齊這個不爭氣的弟弟驅逐出晉國，趙嬰齊出奔齊國而去，這意味著把趙莊姬的情人給趕出了家門。表面上來看，趙同、趙括倒是整肅了家門，但這樣做得罪了這位炙手可熱的趙莊姬，趙家兄弟膽敢無視她的存在，趕走了她的情人，她心懷怨恨，伺機報復，因此就向他的弟弟晉景公告狀，說趙同、趙括要謀反叛亂，又加上大臣欒書和郤氏的偽證，晉景公藉此機會發動了族滅趙氏的「下宮之役」，趙氏被滿門抄斬，甚是可憐，由此而生發出趙氏孤兒的悲情故事。

　　另一件是欒魘之妻欒祁誣告欒盈一事。欒祁是范宣子的女兒，嫁給欒書的兒子欒魘為妻。欒魘去世得早，欒祁獨守空房，難耐寂寞，與她的家臣州賓勾搭成奸。州賓與欒祁相好以後，企圖霸占欒魘的財產。欒祁做出的醜事引起其子欒盈的不滿，欒祁就對兒子起了惡念，她向執掌晉國大政的父親范宣子告了兒子欒盈一狀，說欒盈要謀反，發動政變。范宣子本來對欒氏就心存芥蒂，又得到其子范鞅的證言，對自己的親外孫也下得了手，以修築雍城為名，藉此機會以把欒盈派到外面將其驅逐出境。欒盈無奈逃奔楚國避難，後來又出奔齊國，再後來因為潛入晉國作亂被族滅。

　　這兩個故事在史書中都有明文記載，情人的力量由此可見一斑。仔細想來，晉獻公和驪姬的故事其實如出一轍。

忠實的魯國與不安分的齊國

　　齊國和魯國都位於今天的山東省境內。周武王滅商，分封魯國和齊國到東夷地區進行統治。武王滅商以後不久就去世，由於周成王年幼，缺乏政治經驗，就由周公輔佐成王行政，由此引起武王另外幾個弟弟的猜忌，商紂王的兒子武庚乘機與周的管叔、蔡叔等聯合淮夷諸國發動叛亂，周公東征三年，才平定了這場叛亂。可見，西周初年，齊國和魯國立足山東一隅，也頗為艱難。齊為姜姓，魯為姬姓，多世聯姻，為甥舅之國。魯國是周公（諡周文公）之子伯禽的封國，分封魯國的時候，分給他殷民六族，因此魯國的人民基本上也是由三部分組成，那就是周人、商人和當地土著。當時一般的諸侯國最大為「方百里」，而魯國據記載為「方五百里」或「方七百里」，因其是周公的封國，周王特許魯國祭天、祭文王，即所謂「魯有天子禮樂」，這是西周一般諸侯國不能享有的禮遇，因此很多人認為周禮在魯國應該被大力推行。魯國與晉國大多時侯保持著比較友好的關係，特別是在晉國稱霸以後，魯國忠實地履行其義務，多次朝晉，從來沒有叛晉附楚，一直維護著晉國霸主的地位和尊嚴，期間發生的一些事情大多是晉國對不起魯國，特別是魯昭公時，三次朝晉而被謝還，後來有一次朝晉還被留下來「葬晉昭公」，而當魯昭公受到齊國和國內大臣欺侮求助之時，晉國卻不予幫助，沒有盡到盟國霸主之責。在實現晉國持續稱霸諸侯方面，魯國其實是一個忠實的同盟者，這很好地牽制了其他一些國家。齊國是呂尚（太公望，又稱師尚父，姜姓，字尚父、子牙）的封國，位於魯國的北面。齊桓公是春秋時期的第一位霸主，但霸業短暫，沒有延續下去，因為用人不當，佞臣「塞宮門，築高牆，不通人」。齊桓公死得比較悲慘，餓死後竟然多日無人照料，「蟲流於戶」。晉文公稱霸以後，齊國表面上服從晉國，但實際上內心並不臣服，因為春秋中晚期的四大強國分別是晉、楚、秦、齊，齊國是一個大國，它同時也是一個異姓國，雖然是周人集團，但始終想東山再起，卻終究沒有成功。

在晉、齊歷史上，兩國實際上存在互婚的關係，也是甥舅之國，但也發生過多次戰爭，例如鞌之戰晉國大敗齊國。齊國也多次干預或想顛覆晉國政權，早在晉獻公死後，齊桓公就帶領多國軍隊來討伐晉國，到了晉國的高梁城，和秦國一起扶立晉惠公夷吾；和趙莊姬通姦之事敗露後，趙嬰齊被放逐，就逃奔到齊國了；范宣子驅逐欒盈的時候，欒盈先出奔到楚國，之後又逃奔到齊國，後來齊國潛送欒盈進入曲沃，而後發動叛亂；在趙鞅與范氏、中行氏的戰爭中，齊國幫助范氏和中行氏，提供糧食，最後接納了范氏和中行氏的出奔，使其在齊國有立足之地。這一系列的舉動，說明齊國對晉國心懷異志，但由於晉國實力雄厚，諸侯會盟時齊國又不得不俯首貼耳，在晉國一個半世紀的霸業過程中，齊國始終表現得不安分。

齊國與魯國大部分時間相處得都不太好，齊強魯弱，齊國多次伐魯，正如周公當年預言的「魯後世其北面事齊矣」。

總之，晉國地處中原，占有獨特的地理優勢，晉獻公時期的大規模擴張，為其一百五十年的霸業奠定了根基，齊、魯地處黃河下游偏遠之地，雖然也是大國，有獨特的文化，但在整個周王朝歷史上，齊、魯兩國不如晉國影響力大，這兩個國家在與晉國的關係上表現出了各自的特色。

晉楚爭霸

楚國也是西周王朝的一個封國，周成王時封於楚蠻，《史記‧楚世家》記載：「楚子熊繹與魯公伯禽、衛康叔子牟、晉侯燮、齊太公子呂伋俱事成王。」春秋時期，楚國發展成為南方的大國，但對於中原華夏族群來說，它卻是異族，楚亦自稱蠻夷，《史記‧楚世家》熊渠曰：「我蠻夷也，不與中國之號諡。」楚曰：「我蠻夷也。……欲以觀中國之政，請王室尊吾號。」其實楚國也是講習周禮的，它也在一定程度上接受周王朝的領導並納供，《史記‧楚世家》還記載：「天子賜胙曰：『鎮爾南方夷越之亂，無侵中國。』」於

是楚地千里。」而且它的文化一點也不落後，晉文公當年流亡的時候，到楚國還受到楚成王的熱情接待，應該說楚對晉國是有恩的，因此晉文公以「退避三舍」報答楚王的禮遇之恩。但是由於國家利益的緣故，兩個大國之間爭奪霸權的事情在所難免。

晉國與楚國爭霸，從晉文公時就已開始，西元前六三二年的城濮之戰和踐土之盟就是明證。城濮之戰其實只是晉、楚爭鬥的開始，楚國一直想稱霸中原，晉文公稱霸，楚國當然不甘心，因此南楚北晉長期處於對抗狀態。楚國畢竟是大國，西元前六〇六年，楚莊王伐陸渾之戎，兵臨洛邑，「觀兵於周疆」，敢於「問鼎中原」，說明他並不拘於周禮。楚國早在春秋早期就稱王，這種情況在春秋時期的中原諸侯國是不可想像的，說明楚國敢於與周天子分庭抗禮，敢於挑戰天子的權威，這在一定程度上也說明楚國並沒有把自己當作周天子的封國，或者後來並不承認自己與天朝的這種從屬關係，因此中原王朝將其視為異己蠻夷，其實也不是沒有道理。西元前五九七年，晉楚邲之戰，以晉國失敗而告終，楚莊王飲馬黃河，爭取了中原諸小國加盟。後來到晉景公時晉國用楚國來奔的申公巫臣教吳國車戰（西元前五八四年），以吳國牽制楚國，使楚大夫子反一年之中七次疲於奔命，取得了良好的消耗牽制效果，這是典型的「楚材晉用」。西元前五七五年，晉楚鄢陵之戰，楚國失敗，晉悼公復霸。

為了稱霸諸侯，位於南北這兩大國之間的那些小國，必定成為爭奪的對象，甚至爭奪這些小國的象徵意義大於實際意義，因此位於其間的鄭國、宋國、蔡國等就有些難以招架和疲於應付。今天跟楚國是一派，晉國打它；明天跟晉國是同一陣營，楚國攻它，讓這些小國焦頭爛額。後來這些小國在長期的挨打過程中總結出了一套好的經驗，即誰打我，我和誰好，你一來我就和你好，他一來我就和他好，爭取了主動，讓晉國和楚國也沒有辦法。發展到後來，就出現了兩次弭兵，宋國華元和向戌各召開過一次弭兵大會。西元前五四六年，宋國大夫向戌在宋都舉行了有十四國參加的弭兵大會，之後

「晉、楚之從交相見」（《左傳‧襄公二十七年》），弭兵的結果是晉國和楚國的盟友要互相朝拜、貢獻雙方盟主。

這實際上是一種調和折中的辦法，相當於當時晉國和楚國兩個霸主並存，只不過各個盟友國要把過去的一份貢獻增加為兩份，晉、楚兩大國犧牲中小國家的利益，互相瓜分霸權，形成均勢，但以此換回了相對安定的局面，這對當時社會的發展來說是有積極意義的，也得到各個國家的擁護。

至此，諸侯大國爭霸的時代基本結束，當時爭霸已經不是時代潮流了，諸侯國內的形勢都發生了一些變化，後來的吳越爭霸，相比中原的發展已經慢了半個節拍，以至於吳國北上與晉國會盟時爭長，晉國就把霸主的地位讓給吳國，晉國卿大夫們更關心的是私家勢力的發展壯大問題，互相之間已經展開了明爭暗鬥，瓜分土地、爭奪地盤是這時晉國內部矛盾的焦點，爭霸這種國家大事在卿大夫們看來已經不是頭等大事了。

晉國霸業的衰落與黃池之會

晉國霸業始自晉文公，西元前六三二年城濮之戰後舉行了踐土之盟，晉文公稱霸，其子晉襄公繼承父親的霸業，並發揚光大，因此史書多稱文襄霸業，歷靈公、成公、景公、厲公、悼公、平公、昭公、頃公、定公，到晉定公時的西元前四八二年，晉、吳等國在黃池會盟，結束了一個半世紀的晉國霸業。那麼晉國霸業是如何衰落的呢？

我想原因可能是多方面的，一方面是來自內部的原因，也是主要原因，那就是晉國卿大夫權力的膨脹和國君權力的萎縮，也就是說，晉國權力的下移是霸業衰落的一個主要原因。卿大夫專權，他們將重心漸漸轉移到發展私家勢力、兼併土地，對國家利益關心得越來越少，對自家的利益關心得卻越來越多，卿大夫之間的鬥爭日益激烈，他們也沒有更多的時間和精力去顧及爭霸的事；另一方面就是隨著國際形勢的發展，爭霸中原已經不是這個時

期的主旋律了，各個國家的形勢都發生了變化，除了吳、越這些非中原的後發展國家外，其他國家對爭當霸主已經失去了興趣，對爭霸戰爭表現出了極度的厭煩心理，因此在這個階段出現過兩次弭兵，一次是華元弭兵，一次是向戌弭兵。吳越這些邊緣國家還沒有體驗這把癮，因此他們對做霸主頗感興趣；第三方面原因是晉國公室自身也日漸腐敗，晉國在諸侯國間的影響力和感召力日趨下降，讓其追隨者日益寒心。第四方面的原因是晉國與楚國力量均衡，並達成共識，兩國之間的小國也疲於應付，受夠了當夾心，這種均衡也迫使晉國霸業結束。因此與其說晉國霸業的衰落是人為的結果，不如說是客觀的國內和國際環境使然。

在這裡不能不說說黃池之會，這是晉國和吳國為主的一次諸侯會盟，時間是西元前四八二年，在這次大會上發生了吳國和晉國爭當霸主的事情。晉國的參會者有晉定公和趙鞅等，吳國有吳王夫差等，兩國在爭做霸主的時候差點動用武力，其結果史書記載不一，有的說吳為霸主，有的說晉為霸主，但不管盟會的結果如何，越人侵入吳國導致吳王匆忙回國赴難，則是不可迴避的事實，也就是說即便是吳國做了霸主，也不過是徒有虛名而已，晉國也因為這次會盟，而終結了長達一個半世紀無可爭議的霸主地位。

回顧這一個半世紀，晉國東征西討，南征北戰，匡扶王室，內率華夏而外抗戎狄，納東西之寶物，收南北之貨財，以強大的軍力和國力，鎮守中原王朝門戶，歷代君主勵精圖治，改革時弊，有權力的犧牲品，有改革的勝利者，無論如何，他們大都引領了時代的風騷。黃池之會也是晉國公室和私家鬥爭公開化的一個分水嶺，從此以後卿大夫們更加專注於謀自身的發展壯大問題了。著名的趙孟庎壺就反映了黃池之會的歷史事實。這對銅壺早就流失到英國，現藏大英博物館。這是一對非常精美的藝術品，器身滿飾花紋，是典型的春秋晚期青銅器，在器物的頸部各鑄一篇銘文，內容是「禺邗王於黃池，為趙孟庎，邗王之賜金，以為祠器」。器主是趙孟（即趙鞅）的擯介，即副職助手或引薦官，他或者就是司馬寅董褐，在黃池會上他見到了吳王，

吳王贈送給他一些青銅，他回來後用這些青銅鑄造了這對壺，並把這件事鑄於壺上，將這對壺作為宗廟中的祭祀用器。吳王在這次盟會上能夠給一個擯介賜金，說明吳、晉兩國之間在此會上確有禮儀往來。而且吳王也很會做人，不用說，他肯定也給了趙鞅和國君晉定公更多、更大的禮品，晉國肯定也給了吳王和其從僚相應的禮物。這對銅壺是趙孟府回晉國後不久鑄造的，因此它的年代應該就在西元前四八二年或略晚，是一對非常重要的年代明確的標準器，其他相似的器物都可以參考它來確定年代。此外，這對器物應該是在侯馬鑄銅作坊鑄造的，它身上的紋飾與侯馬鑄銅遺址發現的陶模範紋飾極為一致，這說明趙孟府當時回來後，就將被賜的「金」交予鑄銅作坊，製作了這對銅壺，也說明到春秋末年侯馬鑄銅手工業很是發達。不久後於西元前四七五年去世的趙鞅，或西元前四二五年去世的趙襄子無恤，其墓葬中隨葬的青銅器，絕大部分可能也來自侯馬鑄銅作坊，因為這裡是當時晉國最大最好的手工業基地 —— 青銅器鑄造工廠。這裡生產的青銅器不僅埋到了趙卿的墓葬中，也埋到了河南輝縣琉璃閣范氏的墓葬中，還埋到了河北中山王厝的墓葬中。需要說明的是，在太原晉陽古城遺址也發現過東周鑄銅陶範，由於發現有限，我們現在還不能確定這裡是否能夠鑄造青銅器。當然更多的青銅器埋葬在山西侯馬的東周晉國貴族墓葬中，比如規格級別較高的新絳縣柳泉墓地就出土過侯馬鑄銅遺址鑄造的青銅器。趙孟府壺不僅僅是一對青銅壺，更代表了一段歷史，濃縮了一個手工業作坊的工藝流程，是一個年代的代表物，是會說話的靜態歷史標本。十分可惜的是它們被收藏在外國博物館，但幸運的是它們還是被完整地保存了下來。

九原對話

九原是晉國故絳時期貴族的家族墓地，據《國語》和《禮記》等文獻記載，春秋晚期的晉國大夫叔向與趙武去九原一帶遊覽，兩人在九原有一段對

話。《國語》的原文是這樣記載的：「趙文子與叔向遊於九原，日：『死者若可作也，吾誰與歸？』叔向日：『其陽子乎！』文子日：『夫陽子行廉直於晉國，不免其身，其知不足稱也。』叔向日：『其舅犯乎！』文子日：『夫舅犯見利而不顧其君，其仁不足稱也。其隨武子乎！納諫不忘其師，言身不失其友，事君不援而進，不阿而退。』」《禮記》等書所記內容大同小異，意思是兩人面對九原這處晉國卿大夫的墓地，趙武說，死者如果還活著的話，我們和誰一起呢？叔向說那就和陽處父一起吧！趙武說，陽處父在晉國行為正直廉潔，但終究以身殉難，他不是一個有智慧的人。叔向說，那就和子犯一起吧！趙武說，子犯見利而不顧自身的安危，唯利是圖，他不是一個仁慈的人，我們還是和隨會一起吧，他進諫還忘不了他的老師，說自身也不會落下朋友，侍奉國君不攀援阿諛，進退自如，不卑不亢。這段對話非常著名，是晉國後代大夫對前輩大夫的功過評價，可見當時的大臣對仁和智是看得很重的，他們認為在這方面隨會做得比較好，他們願意像他一樣為人處事，侍奉君主。

這裡提到的陽處父是晉襄公時的大臣，後因擁立國君的事情被殺；舅犯是晉文公的舅舅，有勇有謀，但見利忘義；隨會則是多朝老臣，經歷坎坷，閱歷豐富，富有政治、軍事才能。三位均屬於故絳時期的晉國大夫，都很有作為。其中提到的九原是故絳作為國都期間晉國貴族的家族墓地，這應是一處包括很多貴族家族墓的公共墓地。叔向和趙武之時晉國的都城已經遷到了新絳，新絳就在現在的侯馬市，國君起居辦公的宮城在侯馬市西北的平望、臺神、牛村一帶，此時晉國的貴族當另有新的家族墓地，與這裡所說的九原應不在一個地方，但九原離現在的侯馬晉國都城新絳也不會很遠，否則叔向與趙武也不會遊玩到這裡來。除了上面提到的幾位貴族埋葬在這裡外，同時期的其他卿大夫可能也埋葬在這裡，這些貴族都是在朝為官的朝廷大臣，雖有封賜的食邑，但沒有埋葬到那裡，這是很重要的一個問題。我們知道，春秋初年，各諸侯國內紛紛出現了采邑，此前西周時期，采邑只見於周王畿

內，這可能與西周時期的統治方式有關，也與各諸侯封國面積小、人口少有關。西周時期，晉國國都在今天馬—曲村一帶，晉國範圍內也發現有不少西周遺址，但規模較小，面積不大，大都沒有發現貴族的墓葬，如侯馬的上馬墓地發現有很多西周中晚期的小墓，但沒有發現一座西周的青銅禮器墓，到了春秋早期，上馬墓地發現了多座貴族銅器墓葬，這說明春秋時晉國在這裡派了官員來進行管理，這裡成為某位官員的采邑。既然采邑大夫死後可以埋葬在其采邑內的家族墓地，那麼九原就是在都城做官的貴族的家族墓地了。

但這個九原在哪裡呢？目前還沒有確定。中國古代叫九原的地方很多，僅在晉國範圍內稱九原的地方就有幾處，最有名的是新絳縣城以北的九原山。雖然叫九原山，其實就是一個不高的獨立的土丘，當地人俗稱古堆。趙康古城就位於九原山的東面，地面上夯土城牆保存完好。

因為九原山和趙康古城的存在，明末清初的大學問家顧炎武就認為晉國的故絳都城應該在這裡。山西省考古研究所一九八九年還在九原山一帶發掘過較大型的墓葬。後來我們也到這裡進行過調查，但發現故絳時期的遺物不多。這一帶還有汾陽、晉城等地名和故絳時期的一些傳說，晉惠公夷吾即位之前，許諾給里克「汾陽之田百萬」的「汾陽」應當就指這裡而言。另一個九原在今曲沃縣城東北的西寧村一帶，據縣志記載，當地人把村子附近的幾個土堆俗稱九原。還有一個就是傳出子犯編鐘的聞喜縣，我們懷疑子犯編鐘應該盜自鳴條崗上的上郭和邱家莊墓地一帶，若此傳說不誤，則很可能九原就在這裡，因為子犯、隨會和陽處父都埋葬在一個大墓地，若子犯墓在此，則九原就在這裡。但是這裡的考古工作做得不足，這個問題目前還說不清楚。

我們之所以如此關注九原，是因為九原不僅是晉國中期卿大夫的家族墓地，更重要的是它關係到故絳都城的所在，因為從理論上來講，都城距離墓地一般不會太遠，若能鎖定九原的位置，探尋故絳就找到了重要的門徑。另外，九原墓地的發現還關係到晉國國君、卿大夫和采邑大夫家族的埋葬制度

問題，因此九原在晉國歷史和考古研究中具有重要地位。

　　晉國九原作為卿大夫的埋葬之所，對諸侯國及後世產生了深遠的影響，因為晉國的霸主地位，這種影響可能更大。此後，「九原」一詞成了墓地的代名詞，以致到了近現代還是如此，這在歷代文人的詩詞文章中司空見慣，傳承不息。

【新絳】

【三家分晉】

【三家分晉】

　　商代晚期，在晉南有個唐國，它是商王朝的屬國，但到目前為止，唐國國都的具體位置並未確定，透過研究，推定它可能在今塔兒山以北臨汾盆地某地。周成王時，周公東征三年，平定了武庚與淮夷的叛亂，這時唐國也參與叛亂，周公就把它消滅了。周成王分封唐叔虞到唐地去統治，唐叔虞的兒子燮父把國都由唐地鄂都遷到了晉地，都城的名字很可能就叫做翼。燮父是第一位晉侯，後代尊稱唐叔虞為晉國始祖，《史記》稱為晉唐叔虞。經過十代晉侯的經營，到了晉昭侯時，晉昭侯把他的叔父即晉文侯的弟弟成師封到曲沃，由此拉開了曲沃和翼六十七年內戰的序幕。西元前六七八年，晉穆侯庶子成師的後代晉武公以一軍立為諸侯，曲沃旁支消滅了正宗翼，晉始稱「公」，延續了三百零二年，到西元前三七六年被韓、趙、魏三家瓜分而亡。韓、魏為姬姓，趙為嬴姓，韓是周武王的後代，魏是畢公的後代，嬴姓的趙氏可能很早就定居在晉南一帶。唐叔虞初封的時候，在「河、汾之東，方百里」；到了春秋初年，雖然晉文侯、晉武公和晉獻公不斷擴張，但晉國的地盤實際上仍然局限在晉西南一隅，最多向黃河以西、以南有少部分擴張；到晉文公時，晉國擁有了黃河以北的南陽地區；到晉景公時，將晉東南地區收入囊中，並且已經向山西中部擴張；到晉悼公時，繼續向山西北部擴張；到晉定公時期，晉國北部已經到達今太原一帶，東部擴張到了邯鄲以東；後來晉陽趙氏繼續向山西北部擴張，晉國勢力最強大的時候，擁有山西全境、陝西西部、河南西部和北部、山東西部、河北中南部，橫跨五省，把控黃河中下游地區，黃河成了晉國的內河。韓、趙、魏三家瓜分晉國領土在西元前四五三年，此時，晉國國君只剩下絳和曲沃二邑，名存實亡。西元前四〇三年，韓、趙、魏三家透過賄賂周天子（周威烈王）立為諸侯，與晉國並存，三家把晉君遷徙到端氏，後來韓、趙又把晉君遷到了屯留；西元前三七六年，將晉靜公俱酒廢為庶人，「晉絕不祀」。韓都平陽，魏都安邑，趙都邯鄲。三晉實際上是晉國的延續，三家進一步開疆拓土，與秦、齊等大國進行兼併戰爭，到戰國時期形成戰國七雄，後來被秦國相繼滅亡。

晉國卿大夫為何能專權

晉國卿大夫在西周時期沒有專權，但到春秋中期逐漸專權了，為什麼？為什麼晉國最後能被韓、趙、魏三家瓜分而滅亡？當年郭沫若先生曾經在《奴隸制時代》一書中說過：「天子倒楣了，諸侯起來，諸侯倒楣了，卿大夫起來，卿大夫倒楣了，陪臣起來。」說得非常好，但為什麼是這個樣子呢？這首先要從西周的封建制說起。所謂封建，指的是封邦建國。呂思勉先生曾經概括過中國封建的四次反動：第一次是項羽復辟六國貴族的封建制度，結果自取滅亡；第二次是劉邦的封建，結果發生了吳楚七國之亂；第三次是西晉封建司馬氏宗室為諸侯王，導致八王之亂，西晉瓦解；第四次是朱元璋封他的二十幾個兒子為藩王，以致朱棣上臺後也無法容忍封建，繼續「削藩」。所以呂思勉說「封建之反動，實至第四次而終」，可見封建制的影響是相當長遠的。

西周初年，武王滅商，成王定天下，蕞爾小邦的周人為了對商王統治的廣大地區以及商人的盟國進行有效的統治管理，就採取了封建的方法。分封的對象有姬姓周人的親戚，如子弟及聯姻的姜姓集團等，子弟如諸侯國晉、燕、魯、衛等，姻親如姜姓齊、許、申、呂和姞姓、任姓等國族，有異姓功臣，有先聖王的後代，如夏的後代杞國和焦、薊等國，有商人的親戚，如武庚、微子等，有商人的舊國族，如倗、霸、賈、先等國，因為周人數量少，不夠分封，所以才採取這樣多元的分封結構。

當時這種分封制對於穩定周人的政權確實有積極的作用，特別是在西周早中期，分封制的統治方式還是相當有效和成功的，周王朝對各諸侯國的控制還是相當嚴格的；但是到了西周晚期，就開始出現所謂的「禮崩樂壞」現象，周王室的控制力已大不如前。道理其實很簡單，因為分封制表面上看是冊命關係，但實質上它的基礎是血緣關係與姻緣關係。

血緣關係是自古以來人類世界最流行的一種動物本性認同，但是這種關

係隨著時間的推移漸行漸遠，慢慢地就失去了原先設想的紐帶作用，無論原來是叔侄之國、兄弟之國，還是甥舅之國，到了西周晚期的時候，關係早已疏遠淡漠了，只不過還靠西周的禮樂宗法制度來約束維持著，雖然有些放縱，但還不至於太誇張。西周晚期，周厲王暴虐，發生了所謂的國人暴動，社會動盪就必然發生禮制的鬆弛；宣王中興，社會曾一度步入正軌；幽王昏庸，導致申國、鄫國和犬戎聯合來襲，招致殺身之禍，使繼任的周平王被迫東遷洛邑，故都故地被戎狄占領。

兩周之際，社會動盪，天子被殺，二王並立，已經讓周王室丟盡了顏面，威風掃地，周平王被迫東遷，更讓諸侯們看到了周天子的無能和無奈，這個時候各諸侯國就開始大膽地衝破禮制的束縛，自行其是了。晉文侯時就已經兼併了韓國，其子昭侯把他的叔父封於曲沃，發生內戰，六十七年內戰期間，周王開始還派尹氏、武氏幫助曲沃一支伐翼，後來曲沃叛王，周天子又多次派兵維護晉文侯的正宗一支，但都沒有從根本上把小宗制服。周王維護的實際上是周王室的禮制和宗法。令人費解的是，一開始周天子為什麼要幫助曲沃伐翼，由此可見周天子的昏聵。曲沃一支不屈不撓，透過不懈戰鬥，最終採取賄賂周王的手段獲得合法地位。晉武公、晉獻公更是肆無忌憚，根本不把周天子放在眼裡，在晉南地區兼併征伐，不管是同姓國還是異姓國，無論親疏，都堅決、澈底、乾淨地消滅，這個時候周天子只能眼巴巴地看著，根本管不了。也就是晉國的這次大規模擴張，奠定了晉文公霸業的基礎，才使得風雨飄搖的周王室苟延殘喘了那麼長時間，這也是周天子始料未及的事情。

晉國的兼併擴大了地盤，同樣需要有人去統治一方。晉昭侯時將其叔父封於曲沃，實際上與周天子的分封道理相同，只不過像周王畿內之封一樣，叫做采邑，而今占領之地同樣要賜封為卿大夫的采邑，這實際上走的還是周王室封建的老路。只不過晉獻公汲取了昭侯封桓叔的教訓，大量屠殺公室舊族的群公子，也就是曲沃桓叔、曲沃莊伯以來的那些庶公子公孫們，這些人

與晉獻公的親戚關係其實並不遠，但晉獻公為了達到維護統治的政治目的必須痛下殺手，不過他父親以來的親兄弟及其子孫一定不都在殺戮的名單內。他大量分封異姓貴族，利用他們為自己服務。實際上當初唐叔虞分封的時候，晉國就大量地啟用異姓貴族，像唐人貴族和懷姓九宗的狄人貴族，都是異姓貴族，曲村墓地的考古發現也證實了這一點，因此，在晉國大量啟用異姓貴族是有歷史傳統的。

春秋以來晉國公室包括晉獻公時冊封采邑的這種現象，在西周時期的晉國是不存在的，西周時期的各諸侯國內恐怕也都不存在這種現象。春秋時期，晉國一開始封賜采邑的時候，肯定也分封了很多同姓子弟，隨著時間的推移和晉國的不斷擴張，晉國卿大夫的采邑規模越來越大，數量越來越多，私家勢力也越來越強大。在晉國霸業興盛的時候，這些矛盾還很隱晦，但到了晉國霸業衰落的時候，卿大夫們羽翼豐滿了，國君的地位下降了，卿大夫之間就開始公開傾軋，公開兼併，而且公族的卿大夫們一個個被異姓卿大夫們革命，這時候晉國國君也只能夠眼巴巴地看著，因為他已經無能為力了，再也不像早期那樣有威嚴了。卿大夫們兼併的結果，是侈卿的數量越來越少，各自的地盤越來越大，私家勢力越來越強，國君越來越成為擺設了。最後由六卿兼併為四卿，由四卿再兼併為三卿，再後來這三卿就把晉國瓜分了，晉國國君只剩下絳都和曲沃兩個邑了，這就是韓、趙、魏三家分晉，時間在西元前四五三年。這個結果一定是晉獻公和晉文公等國君當初沒有想到的，那麼導致這種結果的罪魁禍首是誰呢？是封建制度。只不過周天子封建的是諸侯國，而晉國國君封建的是采邑，其實際內容是一樣的，導致的結果是何等的相似。春秋時期各諸侯國封建的采邑實際上是西周王朝封建諸侯的翻版，其結局必定十分相似。

回過頭來，我們看西周時期晉國怎麼沒有出現卿大夫專權的現象。

西周時期，晉國國土面積小，人口也少，禮制約束比較嚴格，最關鍵的是西周時期晉國沒有施行封建采邑制。晉國卿大夫的專權，其實很早就開始

了，從文獻來看，晉靈公時候趙盾就專權，導致後來發生了國君族滅趙氏的「下宮之役」，後來晉厲公時族滅「三郤」，這些事件實際上是國君公室與卿大夫私家爭奪權力的一種鬥爭；可是再後來發生的一些滅族殺戮卿大夫的事件，性質就不同了，往往是由其他卿大夫們先挑事，更多地是為了黨同伐異，擴大地盤和私家勢力，如范宣子驅逐欒盈，趙鞅與邯鄲趙氏、范氏、中行氏的戰爭，三家滅智氏等等，晉國國君根本就管不了。因此，晉國卿大夫之所以能專權，是因為封建采邑的緣故，而不是晉國國君個人的問題。

由此可見，封建體制導致的這種發展結果是必然的，更何況晉國又打擊公族勢力，扶植異姓賢能的人，晉國國君精心打造的這把雙刃劍，最終只能自掘墳墓。

三家分晉之後的晉國

西元前四五三年，韓、趙、魏三家在伐滅智氏、瓜分其土地之後，實際上已經將晉國分割殆盡，晉國國君僅僅剩下絳和曲沃兩個邑，其餘地盤都已經納入三家的版圖了，晉國已經名存實亡。雖然三家實際已經分晉，但是礙於名分，他們並不能明目張膽、光明正大地稱侯，而受日益衰落的周禮的約束，他們也沒有獲得周天子的合法冊封。這時晉國原來位於侯馬市西北部的都城，實際上已經被毀壞廢棄不用了，從侯馬晉國遺址牛村古城南城牆的發掘結果可以看出，在西元前四五〇年左右，牛村古城南城牆的牆基上部已經有灰坑和墓葬等遺跡打破牆基的現象，充分說明在西元前四五三年三家分晉之時，牛村古城已經廢棄，因此我們推斷三家分晉之後晉國國君起居辦公的宮城被廢棄，國君被迫遷徙到了今侯馬市東部的鳳城古城小城內了。鳳城古城位於侯馬市與曲沃縣交界一帶，戰國早期晉君遷入的鳳城古城規模較小，到漢魏時期一直沿用並不斷擴建，形成目前所知較大的規模。晉國國君在這裡苟延殘喘了大約數十年之後，韓、趙、魏三家又瓜分了晉君僅有的絳

和曲沃兩個都邑，晉君被遷徙到了晉東南的山區端氏，後來韓、趙兩家（或言韓、趙、魏三家）又把晉君遷徙到了屯留。西元前四〇三年，韓、趙、魏三家透過賄賂周天子，獲得合法的諸侯席位，與晉君並列為諸侯。非常值得重視的是，一九九九年山西省考古研究所在晉東南長子縣鮑店發現的東周大墓。這座大墓長七點二公尺，寬六點八公尺，深十二公尺，南北向，口大底小，墓內積石積炭，葬具為一槨兩棺，隨葬品中有十二件銅鼎，其中十一件為列鼎，還有四件帶蓋銅豆和四件圓壺，此外還發現了青銅樂器、兵器、車馬器、空首布、包金錫貝、骨貝和玉器、陶器、漆器等。墓主面部有玉覆面，腹部有玉圭兩件，由此判斷這座墓葬應該就是被遷徙到屯留的戰國早期晉桓公（也稱孝公）的墓葬。西元前三七六年，晉靜公被廢為庶人，晉絕不祀，輝煌了數百年的晉國被自內崛起的韓、趙、魏三家澈底瓜分。

1. 長子縣鮑店墓地東周銅禮器出土情況

（左）長子縣鮑店墓地東周銅器；（右）長子縣鮑店墓地東周銅空首布出土情況

長子縣鮑店墓地東周銅矛

長子縣鮑店墓地東周銅戈

太原晉陽的來源

晉陽，作為兩周時期晉國的一個地名，非常重要。今天的晉陽在太原，與趙簡子的封邑有關。在文獻中最初提到晉陽的是《春秋》，魯定公十三年（西元前四九七年），「晉趙鞅入於晉陽以叛」。從文獻看，其封晉陽邑也不過是此前一兩年的事情。耐人尋味的是，趙鞅被封，一開始此地就稱晉陽，「晉陽」一詞的含義就是晉水之陽，難道當時晉陽南邊的泉水就叫晉水？

其實早在趙簡子來太原晉陽之前，在晉南就有晉陽的地名。據研究，晉陽至少有三地。一是春秋晚期太原的晉陽，《漢書 - 地理志》河東郡聞喜條下有「故曲沃，晉武公自晉陽徙此。武帝元鼎六年行過，更名」的記載，這裡班固所指的晉陽，顯然是指太原的晉陽，他認為唐和早期的晉國國都在太

原晉陽一帶，故有此說。二是戰國時魏國有晉陽地名，《竹書紀年》記載「秦拔我蒲坂、晉陽、封陵」，唐初的李泰等《括地志》說「晉陽故城今名晉城，在蒲州虞鄉縣西三十五里」。該晉陽在今山西省永濟市西南，魏國布幣就有「晉陽」幣，這個晉陽在春秋時期或許曾屬於趙氏采邑。三是變父所遷都的晉或者就叫晉陽，這個晉陽應在天馬－曲村遺址一帶，因為變父所遷的晉目前可以確定在天馬－曲村遺址一帶。按照鄒衡先生的說法，該遺址南側的滏河就是古代的晉水，遺址位於滏河以北，當是晉陽。滏河又名天井水，此「天井」的諧音即為晉，天井水即為晉水，因此這條滏河古名晉水是有一定道理的，天馬－曲村遺址一帶當時就叫晉陽。

太原市趙卿墓出土的東周銅虎頭灶

太原市趙卿墓出土的東周銅提梁鳥尊

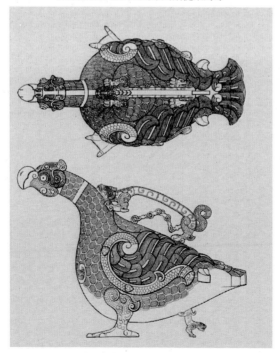

太原市趙卿墓出土的東周銅提梁鳥尊線圖

　　趙國的晉陽實際上是趙氏從晉南帶到太原的地名，太原原為戎狄所占據，與中原華夏語言相比，方言土語較重，正如文獻所說，與華夏「言語不達」。晉國占據太原，封邑趙氏，趙氏很可能將原來采邑的名稱晉陽移植到此。其實在趙簡子派遣家臣董安於營建晉陽之前，太原這裡有無晉水、晉陽之名，並不能確定。如果晉陽之名來自晉南，那麼晉水也完全可以是南名北播，因為在今晉南翼城縣和臨汾市堯都區都有所謂的古晉水，涑水河也被稱為晉水。顧炎武、童書業等歷史學家早就指出，晉國的大原在晉南，因此太原、晉陽、晉水等等這些名稱可能都來自晉南。

趙卿墓的價值

　　一九八七年，太原市第一熱電廠擴建，共發現古代墓葬一千三百五十多座，前後共發掘了七百多座。一九八八年發掘的二五一號大墓是其中最重要的墓葬之一，經過整理研究，認為就是晉國晚期的趙氏墓葬，墓主可能是趙簡子，也可能是趙襄子，存在不同意見，因此《太原晉國趙卿墓》考古報告的作者把這座大墓稱為趙卿墓。這座墓葬是土坑豎穴，口大底小，沒有墓道，墓葬為東西向長方形，墓主人的葬具有一個大椁和三重套棺，墓椁四周積石積炭，墓葬椁內除了墓主套棺外，還有四副棺材，他們是四個殉葬的人，可能是其眾妾。在墓葬椁室內出土了大量隨葬器物，共計三千四百二十一件。

　　趙卿墓為東西向墓葬，墓主頭向東，這符合叔虞封唐時唐人墓葬的埋葬習俗和特徵。這座墓葬中出土的青銅器有一千四百零二件，共重一千一百九十三公斤，僅銅鼎就有二十七件，其中最大的一件銅鼎口徑和高度都達一公尺左右，重量為兩百二十公斤，是目前發現的晉國青銅器中最大的銅鼎，可能是文獻中記載的鑊鼎。按照郭寶鈞先生在《山彪鎮與琉璃閣》一書中提出的形制花紋相似、尺寸大小相次的列鼎的標準，趙卿墓的列鼎有

三套，分別為七件、六件、五件。推測七鼎是所謂的升鼎，六鼎、五鼎，形制相同，大小相近，它們被推測是所謂的陪鼎。此外還有一套五件大小近同的鼎、兩件形制和大小相同的豬鈕蹄足鼎和一件臥牛鈕蹄足鼎。隨葬數量如此多的青銅鼎，在目前已發現的晉國墓葬中也是首屈一指。隨葬的炊器還有五件銅鬲、兩件銅甑和一件銅灶，它們一起構成趙卿墓的炊器組合。

發現的銅豆有十四件，從其形制和紋飾來看，分別為四、四、四、兩件的成套組合形式，還有兩件銅簠，豆和簠都是盛食器。

太原市趙卿墓出土的東周銅鎣內戈

太原市趙卿墓出土的東周銅鎣內戈局部

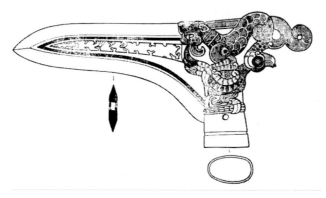

太原市趙卿墓出土的東周銅鋈內戈線圖

　　八件青銅壺中，有四件大方壺、兩件高柄小方壺、一件扁壺和一件匏壺。鳥形尊一件，罍兩件，大小相近，它們屬於盛酒的酒器。銅卮四件，屬於飲酒器。六件青銅鑑中，有四件形制、大小相同，還有兩件弦紋鑑，大小不一。銅匜兩件，銅盤兩件，它們都屬於水器。鑑屬於沐浴用器或盛水器，匜和盤則屬於盥洗用器。趙卿墓隨葬品中青銅炊器、食器、酒器、水器、樂器、兵器、工具、車馬器及日常生活用器種類一應俱全。趙卿墓使用最多的列鼎數是七鼎，這符合當時卿的規格。西周晚期，晉侯使用的是五鼎，也是列鼎。文獻上記載天子九鼎、諸侯七鼎、大夫五鼎等，那是就東周時期一般國家的用鼎情況而言，晉國是霸主大國，卿的地位相當於他國的諸侯，可以使用七鼎，符合當時的禮制。當然，東周時期，越到後來禮制管理越鬆弛，周天子和諸侯都已經管不了了，越禮的現象經常發生，這並不奇怪。在趙卿墓中還出土了大量青銅樂器和石質樂器。青銅兵器將近八百件，車馬器兩百餘件，青銅工具近八十件，其他生活用器較多，如銅鏡、銅帶鉤、火格、炭盤、勺、鉤、扒等。該墓葬還出土了近三百件玉器，另外還有瑪瑙、水晶、玻璃器、綠松石等，金器十一件（盒），其他還有木器、骨器、小件陶器、蚌器和海貝等。值得注意的是，這些青銅器絕大多數是由侯馬晉國鑄銅作坊生產的，是典型的晉國晚期的青銅器，它們與侯馬鑄銅遺址出土的陶範的紋

飾和器形比較吻合，比如青銅鼎腹部糾纏的蟠螭紋就是侯馬陶範的主要紋飾之一，但由晉陽古城出土鑄銅陶範來看，也不排除有的器物在晉陽當地鑄造。在趙卿墓的東北方向七點五公尺處有一座陪葬的車馬坑，曲尺形，共葬馬四十六匹，車十六輛。其車馬坑與主墓的位置關係也符合晉國貴族墓葬車馬坑位於墓葬東面的習俗。趙卿墓所在的墓地位於晉陽古城的西北方向，背靠龍山，面向汾河，也符合墓地一般位於古城北方背山面水的特點。這座大墓墓主人的骨架已經腐朽殆盡了。趙卿墓的隨葬品如此豐厚，反映了趙氏在春秋末年勢力強大，與文獻記載是相吻合的。趙卿墓中殉葬人的現象是比較特殊的，我們知道，姬姓周人一般不使用殉人的葬俗，在晉國早期的唐人墓葬中也罕見殉人，文獻上僅記載晉景公掉進廁所淹死以後，背負他的小臣作了他的殉葬品，因在考古上還沒有發現晉景公的墓葬，所以無法證實。為什麼到了春秋末年趙卿墓又開始出現了殉人現象呢？這是否與秦文化的影響有關，是否與趙氏的復古思想有關，值得深入探討。趙氏之所以能夠最終成為三家分晉的一家，與趙氏營建太原晉陽古城具有密切的關係。

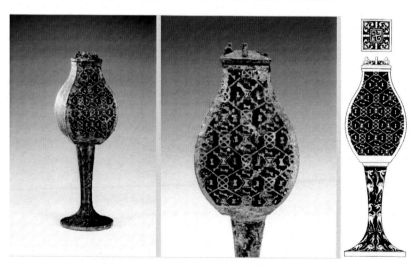

（左）、（中）中太原市趙卿墓出土的東周高柄小銅方壺、小銅方壺局部；（右）太原市趙卿墓出土的東周高柄小銅方壺線圖

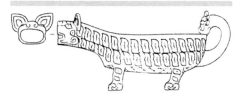

（上）太原市趙卿墓出土的東周銅虎形匜
（下）太原市趙卿墓出土的東周銅虎形匜線圖

（上）太原市趙卿墓出土的東周高柄小銅方壺紋飾拓片
（下）太原市趙卿墓出土的東周蓮瓣蓋銅方壺

太原市趙卿墓出土的東周銅提梁匜

太原市趙卿墓出土的東周銅匏壺

晉國趙氏的命運

　　趙氏的祖先是不是像司馬遷說的那樣最初被封在了趙城，還不一定，也許趙氏商代晚期就生活在晉南，是唐國子民的一部分。西周時期的趙氏，目前還沒有實物資料能說清楚，從文獻記載來看，最初叔帶來到晉國，是晉文侯的大夫，趙氏的興起是在晉獻公的時候，晉獻公在兼併其他小國的過程中，趙夙為大夫，滅了耿以後，賜給他耿地作為采邑。耿地傳說在今河津市西南部山王村一帶，前些年在那裡曾經收繳過三件西周青銅器，均有銘文，但沒有發現明確與「耿」相關的文字內容。趙夙與趙衰是什麼關係？過去的文獻中有三種不同的說法，一說是祖孫關係，一說是父子關係，還有一說是兄弟關係。我本人傾向於他們是父子關係。

　　趙衰是晉文公的從亡大臣，很有智慧，他與晉文公同娶狄女姐妹為妻，文公還把自己的女兒嫁給他。他的孩子中的趙盾是狄女所生，趙穿則是周女所生，趙穿的母親禮讓狄女，就把趙盾立為嫡子。趙盾作為晉國大臣，兢業有為，但專權擅勢，引起年幼的國君晉靈公的不滿。晉靈公欲削弱他的權力，又懼怕惹火燒身。文獻記載，晉靈公荒淫無度，後來被趙穿殺害於桃園。史書中說「趙盾弒其君」，原因是他沒有追究趙穿的這種以下犯上、殺害國君的罪行，但畢竟趙盾是執政卿，這事也就稀里糊塗地過去了。晉國的賈季（即狐射姑）曾經評價說，趙衰是「冬日之日」，趙盾是「夏日之日」，也就是說，前者溫煦，後者酷烈。到了晉景公的時候，趙氏權力更大，在晉卿中占了很大的比例。專權到這種地步，就會招來殺身之禍，因此發生了歷史上著名的「下宮之役」，族滅趙氏，趙氏孤兒的故事幾千年來廣為傳誦。當然這次族滅趙氏的根本原因是因為其專權，因為其勢力過大，威脅到國君；直接的原因或藉口則是晉景公的姐姐趙莊姬讒言誣告趙氏謀反。後來趙莊姬的兒子趙武復出，重掌大權，趙氏中興，不過此時晉國已開始漸漸走下坡路了。到了趙鞅（諡稱簡子）的時候，趙氏勢力又強大起來了，雖然在

229

晉國後期荀（智）氏權力最大，但趙鞅也是一位有勇有謀的大臣，「黃父之會」、「鑄刑鼎」、「黃池之會」等歷史事件都產生了很大影響。他在晉陽，即今太原市西南晉源區一帶，建立采邑，與邯鄲趙氏因為衛國貢獻的五百家人口的問題發生了矛盾，就擅殺了邯鄲趙午。國君派智氏等討伐趙鞅，史書上說趙鞅「入於晉陽以叛」。後來趙鞅給國君和智氏等做了很多工作，說服了他們，與國君「盟於公宮」，就是君臣結盟，共同討伐與邯鄲趙氏一系的范氏、中行氏等，這個時候，范氏、中行氏與邯鄲趙氏因為姻親等關係結為一個團夥。實際上當時晉國國君已被架空，沒有實權了，但名義上他還是國君，在一定程度上還能發揮一些作用，晉國國君或者也想乘此機會削弱范氏、中行氏的權勢。結果是打了八年內戰，以趙氏的勝利，范氏與中行氏的失敗而告終。范氏、中行氏被趕到齊國後，晉國六卿只剩下智、韓、趙、魏四卿了，這四家又瓜分了范氏和中行氏的土地和人民，四卿的權力更大了，可憐的國君只剩下絳和曲沃兩個邑了。

趙無恤（諡稱襄子）是趙鞅的兒子，但他不是嫡長子，而是庶子，和他的父親一樣，也稱趙孟。他能夠繼承趙簡子的卿位，與他本人的才能有很大關係，嫡長子伯魯沒有他機智聰慧。他的主要功績是打敗智氏並伐滅了北方的代國，使趙氏的地盤進一步擴大。他在位之初，智氏如日中天，飛揚跋扈，氣焰十分囂張。智氏讓權力沖昏了頭腦，自恃勢大，以發展晉國國力為藉口，向韓、趙、魏三家索要土地，韓、魏兩家懼怕他的勢力，就乖乖地給了智氏，而趙無恤卻拒絕了智氏的無理要求。這下可不得了，智氏率領韓、魏來攻趙氏，趙無恤逃奔到晉陽。晉陽被圍，智氏又引晉水灌晉陽城，以致城內水位高漲，城牆未被水淹沒的僅有三板那麼高，城內百姓「懸釜而炊」，即把陶釜懸掛起來做飯，但晉陽城內軍民一心。這場戰爭十分激烈，形勢極為嚴峻。智氏口出狂言，說我今天才知道晉水可以灌晉陽，絳水（或言汾水）可以灌平陽，汾水（或言絳水）可以灌安邑。這話引起韓、魏兩國

的恐懼。最後趙無恤的大臣張孟談潛出晉陽城，說服本來就對智氏非常不滿卻又敢怒而不敢言的韓、魏兩家，三家聯合，內外夾擊，滅了智氏，瓜分了智氏的封地，這是權勢如日中天、炙手可熱的智氏無論如何也沒有想到的。此時三家分晉之勢已成，晉國國君成了真正的擺設，徒有虛名了。此後趙無恤在北邊以晉陽為中心，很快就滅了恆山以北的代國，勢力範圍越來越大，到西元前四〇三年，列為諸侯。三家之中，只有趙氏不是姬姓國，從春秋中期始顯於晉國，到春秋中期末年幾乎被族滅，再到春秋晚期重新崛起，最後以趙國列為戰國時代的七雄之一，繼承傳播了優秀的晉國文化。

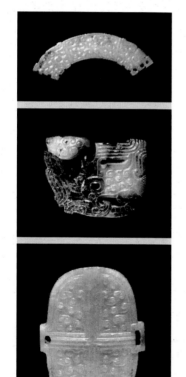

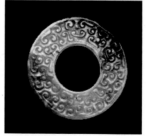

（上）太原市趙卿墓出土的東周玉璜　　（上）太原市趙卿墓出土的東周水晶串珠
（中）太原市趙卿墓出土的東周玉劍璏　　（下）太原市趙卿墓出土的東周玉環
（下）太原市趙卿墓出土的東周玉器

【三家分晋】

【晉國總論】

　　晉國的前身叫做唐，唐國本是商代晚期的一個封國，武王克商後定然有封，但還是原來的唐君和唐人。到周成王時，武庚和三監、淮夷等聯合起來反叛，唐人也起來作亂，於是周公滅了唐國，周成王把他的弟弟叔虞冊封到這裡，史稱唐叔虞。叔虞的都城名字叫鄂，鄂地在哪裡，傳統的說法是在今鄉寧縣，至今鄉寧縣還有鄂河等名稱，但在鄉寧縣並未發現一處西周或晚商時期的遺址和墓葬，而且處於偏僻山區之中，與相關文獻和考古發現的文字資料難以契合，故大多數學者不贊同此說。這個鄂就是後來晉鄂侯被納的鄂，因此，鄂與後來的晉國翼不在同一個地方是非常明確的。目前學者們普遍認為鄂就在今臨汾盆地，但具體位置尚不確定，我認為可能在塔兒山以北某地。另外，唐在太原晉陽的說法已被絕大多數學者所擯棄，因為這種說法與事實相距太遠。唐叔虞的兒子燮父把晉國的都城遷到了晉，晉是地名，用作國名，因為青銅器疏公簋上的銘文明確寫著「王令唐伯侯於晉」，文獻也記載「康王九年，唐遷於晉」、「燮父徙居晉水傍」等，因此由唐遷到晉是不可否認的歷史事實，但這個晉水不是太原的晉水，而是曲沃縣的滏河，晉、晉陽在今天馬－曲村遺址一帶，北趙晉侯墓地的發現確定了這一點。到晉昭侯的時候，文獻上出現了翼與曲沃二都並立的局面。翼是晉國都城的名字，就在今天馬－曲村一帶，可能從燮父遷都到這裡以後都城就叫翼，翼也因羊舌晉侯墓地和曲村陶範的發現而被坐實。

曲沃縣曲村西周 M6131 墓室

234

其實曲沃並非晉國真正的都城，而是晉國旁支的起家之地，後來作為晉國旁支宗廟所在地而具有較高的地位，被稱為「下國」，最多可以算作陪都性質。古曲沃在今聞喜縣上郭一帶也幾無異議。

晉國正宗翼被旁支曲沃欺侮，曲沃派也終於奪取了晉國權柄，西元前六六八年，晉獻公建都於絳，絳成了旁支晉都的專名，又稱故絳，晉國在此建都八十三年，赫赫有名的晉文公的都城就在這裡。但故絳的歸宿地至今沒有定論，一說在天馬－曲村，一說在趙康古城，一說在葦溝 - 北壽城，一說在車廂城，一說在今聞喜一帶，但都不能確定。

我認為此絳與絳水、絳山有很大關係，但最終定論還有待考古工作來解決。

西元前五八五年，晉景公遷都新田，都城還叫絳，為了與故絳區別而稱新絳，這個都城在今侯馬市西北部已成定論。西元前四五三年三家分晉時，就把晉君遷移到今侯馬市東部的鳳城小城裡，原來的都城廢棄不用了。

（左）曲沃縣曲村墓地西周「晉仲韋父」銅盉；（右）曲沃縣曲村墓地西周「晉仲韋父」銅盉局部

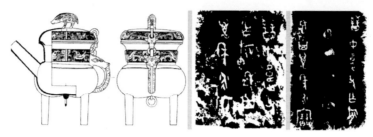

（左）曲沃縣曲村墓地西周「晉仲韋父」銅盉線圖；（中）曲沃縣曲村墓地西周「晉仲韋父」器口內銘
文；（右）曲沃縣曲村墓地西周「晉仲韋父」銅盉蓋內銘文

西元前四〇三年，三家立為諸侯，又把晉國國君遷到晉東南山區端氏，後來又將其遷徙到屯留。西元前三七六年，晉國滅亡，國君晉靜公被廢為庶人，他也成了一介平民百姓。

晉國自唐叔之封，到最後被滅亡，其活動中心一直在晉南，特別是在臨汾盆地，都城之遷實際上就是從鄂到翼，從翼到故絳，再從故絳到新絳，即四都三遷。至於成侯徙曲沃、穆侯徙絳的說法，因為難以得到考古證實而不可信。但是晉國四都中，目前僅有晉國晚期的新絳被發現，天馬－曲村的翼都古城的發現與確認只是時間的問題，而鄂和故絳目前都還沒有著落。

晉國的疆域變化

據《史記‧晉世家》記載，唐叔虞初封的時候在「河、汾之東，方百里」，其地大約在今臨汾盆地塔兒山周圍，後來終西周一代，晉國疆域基本上沒有太大變化。在晉國的周圍分布著很多小的國家，如北邊有霍、楊，東邊有先、霸，西邊有荀、賈，南邊有倗、柤，這些小國一直存在到春秋早期。到了晉文侯的時候，實際上已經開始擴張了，他滅了韓國，並占領了古曲沃一帶。晉武公時期滅荀。晉獻公時大肆擴張，無論同姓還是異姓，無論華夏族還是戎狄，凡與晉為鄰者，盡為兼併而滅國。到晉獻公末年，晉國疆域北到呂梁山區吉縣、蒲縣、霍州以北一線；東到翼城以東太行山，兼併了浮山縣的先國和翼城縣的霸國；東南到垣曲東山一帶，獻公曾叫太子申生

帶兵攻打東山皋落狄；南邊不僅滅了近鄰佣、柤等國，而且假虞伐虢，滅了虞、魏、虢、焦等國家，邊界過了黃河；西邊盡滅冀、耿等國，西部邊界到了黃河以西。可以說，晉獻公消滅了晉南地區臨汾、運城除山區以外的所有國家，掌控了晉南富庶的農業產區，把持了鹽池、中條山銅礦等自然資源，為晉國的發展和後來晉文公稱霸奠定了堅實的物質基礎。晉惠公時遷戎人於伊川，說明晉國擁有此南鄙之地，給戎人居處，他曾答應秦穆公的「河外列城五」就在黃河以西、以南地區。晉文公時西控桃林之塞、崤函之關，東據南陽、太行、孟門之地，進可攻，退可守，此時晉東南山區還為狄人和他國占據，不是晉國的領土。晉景公時，晉國地域進一步擴大，北邊占領到介休一帶，西邊、南邊跨黃河而治，東面占領了晉東南地區，與南陽接壤，占領到河北南部邢臺一帶，晉國版圖進一步擴大。到晉定公時，晉國繼續向北擴張至太原晉陽一帶，向東占領到河北邯鄲以東。

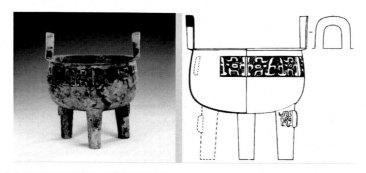

（左）曲沃縣曲村墓地西周獸面紋銅鼎；（右）曲沃縣曲村墓地西周獸面紋銅鼎線圖

曲沃縣曲村墓地西周銅釜形鼎

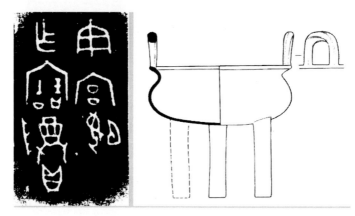

（左）曲沃縣曲村墓地西周銅釜形鼎銘文；（右）曲沃縣曲村墓地西周銅釜形鼎線圖

到三家分晉的時候，晉國北邊占領到恆山以北，幾乎是今山西全境，西線占有黃河以西今陝西省的一部分，南邊占有黃河以南今河南省西、北部大片土地，東邊占領了今河北省中南部、山東省西部，與齊國接界，晉國成為橫跨今陝西西部、山西全境、河南西部與北部、河北中南部和山東西部的一個大國。

晉國以晉南富庶的農業地區為基地，西有強秦，東有大國齊國，南有周王室，再往南有強楚，北方山區盡為戎狄占據，從晉獻公開始，大刀闊斧地開疆闢土，多代晉君勵精圖治，勇往直前，君臣協力，共襄霸業。

其後三家分晉，各自為政，兼國拓土，以致範圍更大，但那已不是昔日的晉國家園了，晉君雄心勃勃創立的基業，不曾想最後落入了自己的卿大夫之手。歷史的發展演變在很大程度上是不以人的意志為轉移的。晉國卿大夫專權也非一日，想當初曲沃並翼，就是旁支奪了正宗大權，因此後來晉獻公吸取教訓，盡殺群公子，以除後患。沒想到沒有了外患，卻有了內亂，爭位之事未能倖免。後來多位晉君任用異姓之賢能執掌要職，削弱公族大夫的勢力。為了集君主之權，晉景公時族滅趙氏，晉厲公時殺戮三郤，這些都是想削弱侈卿大夫的權力，勢非得已，但木已成舟，政體使然，治標易，治本難，最後大好的江山拱手讓給韓、趙、魏三家，能不悲乎？

晉國歷代國君略說

　　周成王時，唐國有亂，周公滅唐，成王分封其弟叔虞到唐地建立了新的唐國，史稱唐叔虞。叔虞之子燮父遷晉，建立晉國，唐叔虞被視為晉國始祖，又稱晉唐叔虞。唐叔建國，按照《唐誥》的冊命行事，「啟以夏政，疆以戎索」，使境內各族群和睦相處，為後來晉國的發展壯大奠定了堅實的基礎。始封為侯，即有戍邊守疆、鎮守一方、藩屏周王室的責任和義務。燮父遷晉以後，繼承父業，「並事康王」，其下武侯、成侯、厲侯、靖侯、僖侯時期不斷鞏固強化晉國的統治。

翼城縣大河口墓地 M1017 出土的西周銅尊

　　晉獻侯穌時期，晉國國力強盛，他率兵從王東征宿夷，使晉國在國際上的影響不斷擴大。

　　他的墓葬陪葬的車馬坑是目前西周時期已發現的最大的車馬坑，陪葬車四十八輛、馬一百餘匹，顯示了這位國君的卓著功勛。晉穆侯時期曾有條之役和千畝之戰兩次戰爭的記載，從他的六十三號墓開始，晉侯墓地出現了兩條墓道，而且和他並穴合葬的有兩位夫人。穆侯死後，其弟殤叔自立，四年

後被晉文侯殺死。晉文侯勤王，將周平王東遷至成周洛邑，此時晉國已開始擴張疆域，吞併了韓國。文侯以下昭侯、孝侯、鄂侯、哀侯、小子侯、晉侯緡，因為與曲沃戰爭，除鄂侯出奔倖免以外，其他幾位都被殺害，甚是悲慘可憐！鄂侯因為戰爭所迫出奔隨地，後被晉國貴族納到鄂地而稱鄂侯。這六個侯中，只有晉侯緡在位時間最長，達二十七年。

晉哀侯時曾與曲沃武公進行過激烈的戰鬥，並逼近曲沃桐地，迫使曲沃武公派人求和，但晉哀侯、小子侯和晉侯緡都不幸被殺，最終失去晉國大宗的祭祀統治大權。

晉武公是曲沃旁支第一位被周天子承認的晉國國君，在位長達三十九年。其祖父是曲沃桓叔，即晉穆侯的庶子、文侯的弟弟成師，成師最早被姪兒晉昭侯封到曲沃，並與晉國正宗昭侯一支展開爭鬥。

曲沃縣曲村墓地出土的西周乳釘紋銅簋

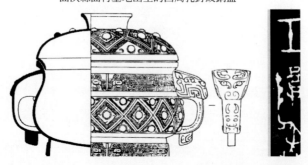

（左）曲沃縣曲村墓地出土的西周乳釘紋銅簋線圖；（右）曲沃縣曲村墓地出土的西周乳釘紋銅簋銘文

他的兒子曲沃莊伯，即晉武公之父，繼承父業，繼續戰鬥，大大削弱了正宗翼的實力。晉武公時仍然堅持不懈，不屈不撓，最終滅亡正宗，以賄賂周王室寶器的手段得到周天子的承認，確立了其統治晉國的合法地位。

在晉武公時期，晉國繼續吞併周圍小國。其子晉獻公定都絳城，史稱故絳。獻公大肆擴張，滅國十七個，服國三十八個，晉國地盤迅速擴大，國力大大增強，為後來晉文公稱霸諸侯奠定了堅實的物質基礎。但獻公寵愛驪姬，他好色且喪失原則，沒有處理好繼承人的大事，給晉國的發展影響甚深，導致他的嫡子申生自縊身亡，奚齊、卓子被殺。三公子夷吾繼位，是為晉惠公。惠公為了獲得君位，不擇手段，即位後又背信棄義，導致韓原之戰被俘，成了秦穆公他的姐夫的階下囚，晉國顏面盡失，他的銳氣大挫，但他為晉國的長遠發展做出了一定貢獻，他遷戎人於伊川，晉作爰田、作州兵等，為晉文公稱霸再次做好了準備。惠公之子晉懷公就像一個沒長大的孩子，為人不周，處事欠妥，又怎能掌控晉國？晉獻公的二公子，即晉惠公夷吾的同父異母哥哥晉文公重耳，執掌晉國前的第一件事，就是派人把他的侄兒晉懷公殺死在今臨汾市堯都區以北的高梁城。晉文公抓住機遇，救王室內亂，獲賜黃河北岸「南陽」的大片土地，西元前六三二年大敗楚軍於城濮，行踐土之盟，內外整飭，迅速稱霸，奠定了晉國霸業的根基。在春秋五霸中，晉國霸業持續時間最久、影響最大，晉國實際上成為中原華夏的代表國，引領華夏文明的政治走向長達一百五十年。晉襄公繼承文公霸業並發揚光大。晉靈公略顯昏庸，在與趙氏爭權過程中被趙氏殺身。晉成公平穩過渡。

晉景公遷都新田，族滅趙氏，內政外交頗有作為；晉屬公屬而昏，也招致殺身之禍；晉悼公少年英雄，改革積弊，內修政治，外和戎狄，使晉國霸業中興；晉平公好大喜功，大興土木，失諸侯之心；晉昭公、晉頃公功過不顯；晉定公時，卿大夫已無心晉國大政，各自為私家謀利益，黃池之會，晉國延續了一個半世紀的偉大霸業壽終正寢。至此時，晉國之大，大在私家，

晉國之強，強在諸卿，外靖而內爭始。晉出公時，晉國公室已衰弱無力，被強家駕馭；晉敬公、幽公時，江河日下，獨有絳與曲沃；晉烈公、桓公被遷山區，苟延殘喘；晉靜公俱酒終被廢為平民百姓，晉國滅亡。

正如春秋初年各諸侯國不再尊崇周天子，到了春秋末年，卿大夫也不把諸侯國君看在眼裡了。歷史的軌跡何其相似，西周時期周王室的興衰大戲，至春秋時代在諸侯國又重新上演了一遍。回顧晉國國君的歷史，可以明顯地看出，興國之時，君臣皆賢能，衰落之時，君臣已無力，正如人之衰老，不可逆轉，並非晉國末期諸君都昏聵無能，個個如酒囊飯袋，當此之時，一己之力已不足以回天，猶如螳臂當車，杯水車薪。晉國諸君，總分兩系，正宗和旁支，正宗祀唐叔，昭侯以下晉國正宗暮年境況悽慘；旁支祀晉武公，幾乎不言及初祖唐叔虞，定公以下諸君日見落魄，最後被遷到深山之中，與世隔絕，自度殘生，終被廢為庶人，晉國滅亡。韓、趙、魏三家在西元前四五三年已經三分晉國，晉國已名存實亡。西元前四〇三年，三家立為諸侯，與晉侯並列，還給晉國國君留有面子，到西元前三七六年將晉侯廢為庶人，就連一點人情味都沒有了。遙想當年，韓、趙、魏各卿大夫如何在晉國國君的麾下馳騁東西，而今韓、趙、魏的子孫又如何擺弄像玩偶一樣的晉君，其結局境況是早期諸位晉國國君無論如何也不敢想像的。其實歷史本身就是如此無常，如此滑稽，古今一理，君臣一理，貧富又何嘗不是如此？

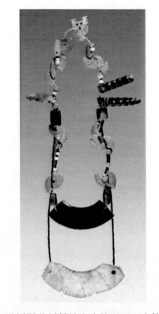

曲沃縣曲村墓地出土的西周玉串飾

晉國國君的死與葬

　　晉國自西元前一千年開始建國，到西元前三七六年被三家瓜分而滅亡，前後歷經六百五十年左右。在這六百多年間，自唐叔虞始封，至晉靜公俱酒被廢為庶人，期間共有三十八位國君，這些國君在位的時間長短不一，最長的是曲沃武公，在位三十九年，晉定公在位三十七年，最短的是晉懷公，在位不到一年。他們大多數是自然死亡的，但也有死於意外者，如晉景公就是掉到廁所被溺死的，有些是被弒殺的，如晉殤叔、晉昭侯、晉孝侯、晉哀侯、晉小子侯、晉侯緡、晉懷公、晉靈公、晉厲公，這九位均被殺身亡。晉國國君被殺的現象多見於春秋早中期，被殺的原因不盡相同。殤叔是因為篡位自立被晉文侯所殺；晉昭侯至晉侯緡這五位大宗的晉侯，是被小宗曲沃一支強勢壓迫進行奪權鬥爭殺死的；沒有根基、懦弱無能的晉懷公是被其伯父晉文公殺死的；晉靈公和晉厲公則是因為與卿大夫爭權，又腐敗殘暴招致怨恨而被其大臣殺死的。這些弒殺大致可分為三種情況：一種是被新任國君殺死，一種是被旁系奪權殺死，一種是被卿大夫殺死。這些被弒殺的國君一般是不能埋入其家族的墓地兆域，晉昭侯以下的幾位國君就沒有埋入北趙晉侯墓地，而是埋葬在與北趙晉侯墓地僅一河之隔的滏河南岸的羊舌墓地，晉厲公以車一乘被埋葬在舊都翼城的東門外。其他正常死亡的國君都應該埋葬於其兆域之內，北趙晉侯墓地就埋葬了晉國早期的九位晉侯，從第一代晉侯燮父算起，到晉文侯，期間除了死於非命的殤叔外，其他晉侯都埋葬在這裡。羊舌墓地由於發掘面積較小，目前透過勘探或發掘，只知道有兩代晉侯的墓葬。晉國始祖唐叔虞的墓葬還沒有被發現和確定，晉國中期故絳時期晉文公前後的八代晉國國君的墓葬尚未發現，晉國晚期新絳時期晉國國君的墓葬在新絳縣柳泉墓地可以確定的有四座，其他國君的墓葬還沒有被發現，這與在柳泉墓地所做的考古工作較少有很大關係。總之，目前一共發現了十五位晉國國君的墓葬，其餘二十三位國君的墓葬還沒有

著落。我們推測晉國晚期新絳時期晉國國君的墓葬都在柳泉墓地，可能與其他貴族家族的墓地是分開的。

曲沃縣曲村墓地出土的西周銅壺　　曲沃縣曲村墓地出土的西周銅壺銘文拓片

據《左傳》記載，天子七月而葬，諸侯五月而葬，也就是說天子死後要停屍七個月才下葬，諸侯國君死後要停屍五個月才下葬。

從文獻記載的諸侯國國君死亡和埋葬的情況來看，《左傳》的說法不一定完全符合當時的實際情況，各諸侯國國君大多數是五月而葬，但也有放置三個月的，如鄭莊公、齊孝公等等；有放置六個月的，如衛穆公；也有放置七個月的，如宋文公、秦景公等；有放置八個月的，如衛桓公、鄭厲公等；有放置九個月的，如魯桓公、齊桓公等；有放置十一個月的，如魯莊公等；甚至有放置數十個月的，如陳靈公等。晉國國君中晉文公死後是放置了五個月才埋葬的，但晉襄公、晉悼公、晉昭公、晉平公和晉頃公都是放置了三個月埋葬的。

即便是周天子，也不一定都是「七月而葬」，周武王、周襄王、周匡王是放置了七個月埋葬的，但周景王是放置了三個月埋葬的，周簡王是放置了

五個月埋葬的。《左傳》上的記載可能只是周禮的一種主觀願望，現實生活中未必都是如此。

（左）、（中）傳世的東周子之弄鳥尊；（右）傳世的東周子之弄鳥尊銘文拓片

晉國平民百姓的生活

　　西周時期晉國的居住方式也是採取都鄙或國野聚族而居的聚落結構，國都內居住的人一般稱為國人，國都以外郊野居住的人一般稱為野人，無論是國人還是野人，當時一般都居住在城邑之中。國君和他的家族與其他貴族家族等居住於都城之中，都城當時稱為國，都城中的人一般稱為國人，但國人是指國君家族以外的人。一般來說，國君家族在都城中另有小城，也就是所謂的宮城。大城又叫郭城，其他貴族及其家族一般都住在郭城中。再狹義一些，國人主要是指居住於國都中的國君家族以外的貴族。百姓這個詞在古代的含義與今天的含義大不相同，古代的百姓指的是貴族，因為當時只有貴族才可稱姓，即「百官族姓」，不是貴族的其他家族雖也有姓，但一般只稱氏，這就是文獻上所謂的姓是用來區別婚姻的，氏是用來區別貴賤的。因為當時的宗法制度明確規定了嫡長子繼承的原則，隨著時間的推移和族群規模的擴大，非嫡長子就分出去獨立生活，例如稱氏，這個氏中也有嫡長子，隨著族群的擴大，其他非嫡長子者也同樣另外稱氏，因此在同一個姓中有若干個氏，這些同姓不同氏的族群都是不能夠結婚的，而且從其所稱的氏就可以

知道血緣關係的遠近，因為氏是用來區別貴賤的。到了戰國中晚期以後，姓與氏都混稱為姓，區分就不那麼嚴格了。我們今天所謂的姓，在古代很大一部分都是氏，也就是說，今天的很多姓都是由古代的一個姓分化出來的。據考證，先秦的姓也不過二十個左右，而且大多帶有女字旁。

在國野聚落結構中，按照《爾雅》的解釋：「邑外謂之郊，郊外謂之牧，牧外謂之野，野外謂之林。」城邑之外為郊，郊外為牧，牧外為野，如牧野之戰的牧野，就是郊外的意思。在都城以外的邑中居住的人稱為野人，晉文公過衛國五鹿的時候，「乞食於野人，野人與之塊」，這個野人就是居住在野地的人。野人的地位當然就要比國人低很多了，他們就是普通的平民階層，但他們與國人家族中的平民還不一樣，地位還要低。

晉國也是階級社會，有君就有臣，有貴族就有平民，平民是被統治者，是社會的主要組成，傳世的歷史文獻往往不太關注他們，但考古就不同，我們不僅關注那些貴族的生活與死葬，也關注平民的遺跡與遺物，那麼晉國普通平民的生活是怎樣的呢？

翼城縣大河口墓地 M1017 出土的西周銅豆

翼城縣大河口墓地 M1017 出土的西周銅豆銘文

（左）絳縣橫水墓地 M2158 出土的西周原始瓷壺；（右）翼城縣大河口墓地 M1 出土的西周原始瓷尊

　　周成王時唐叔被封，他來到晉南唐地的時候，攜帶了周人貴族及其家族，貴族的家族中有很多人也是平民。唐叔虞來的時候周王還分給他「懷姓九宗」和「職官五正」，這些人也是由貴族及其家族組成的，只不過這些懷姓的人是狄人，懷姓就是媿姓，九宗的首領是叔虞唐國和後來晉國朝廷的貴族。「職官五正」是什麼人？看法不一致，有人說他們是商人，有人說是周人，還有人說是唐人，我看這些人應該是隨叔虞被冊命的周人，當然這裡所說的周人不都是姬姓，而是以姬姓為主體的周人集團。唐叔來到故唐國統治，這裡自然少不了本地唐人，雖然文獻上說周滅唐後把唐人遷到了杜地和

247

南方的唐地，但不可能把所有唐地的人都遷移到那裡，而是把舊唐國國君家族或那些頑劣分子遷徙出去，或者從整體政治格局考慮，必須要遷封，像文獻記載的那樣，范氏在追述其祖先的源流時就說「在周為唐、杜氏」，可能一部分在唐為唐氏，一部分在杜為杜氏，也說明沒有都遷到杜地。我們考古發掘出來的墓葬也顯示，唐人貴族和平民家族有很多就在晉南，整體來說，各族群中都有平民，這裡就只簡單談談這些平民的日常生活。

翼城縣大河口墓地 M1 出土的西周原始瓷尊

曲村老百姓是怎樣生活的呢？天馬—曲村遺址東西長約三千八百公尺、南北寬約兩千八百公尺，在此範圍內，分布有新石器時代中晚期、夏時期、周代和秦漢等各時期的遺留物，但唯獨沒有商代人的遺存，可能當時商人沒有在這裡居住生活過。曲村發掘面積達到一萬六千餘平方公尺，其中居住生活遺址發掘了近四千平方公尺，集中在曲村的東北部，其餘發掘的為墓葬，集中於曲村的北部。在生活區發現了兩周時期晉國人的生活遺跡和各種遺物，出土了大量當時人生活用的陶器和其他器物。有居住的房屋五座，一

座是在地面上建造的，長方形，夯土牆，門開在西北角，室內面積接近十平方公尺，在牆基和室內地面下埋藏著有規律放置的石圭片，推測可能在建造前舉行過一定的禮儀活動，在房內東部發現了一個做飯的爐灶，西南牆角有一個柱子洞。其他四座房子位於地下或半截在地下，叫做地穴或半地穴式房子，形狀有長方形、橢圓形和不規則形幾種，面積在六七平方公尺左右，有些在室內有做飯的灶，有些沒有，這樣的房子一定有一個人工加蓋的頂子。

曲沃縣曲村水井出土的西周銅罍

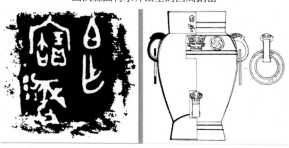

（左）曲沃縣曲村水井出土的西周銅罍銘文；（右）曲沃縣曲村水井出土的西周銅罍線圖

　　這些房子都是社會地位較低的下層人居住的，有些可能就是手工業作坊工人的棲息場所。貴族們居住的房子或宮殿到目前為止還沒有被發現。在居住區還發現了吃水用的八口水井，都是東西向長方形的，水井一般深度都在八公尺以上，最深的可以達到十四、十五公尺，直壁，有的下面略大，有的在兩個長邊壁上有腳窩，還有的在長邊壁的中上部掏有洞龕，可能是作為窖

藏使用的，在井底都發現有淤泥，其中有當時汲水掉落的陶罐等物，在其中一口井內底部發現了一件青銅罍，罍口內壁鑄造有銘文「伯作寶彝」。「伯」就是嫡長子和家族長的意思，其所屬家族不明。這種現象或者說明當時也使用青銅罍來汲水，過去一般認為這種器物是貯存酒的酒器，其實水器和酒器的區分並不是十分嚴格，存在一器多用的現象，當然，這件青銅罍也可能是其他偶然的原因掉入井中的。

在生活區還發現了大量灰坑，這是考古上根據其廢棄後裡面的堆積物而暫定的命名，其實這些坑穴在廢棄之前是有各種用途的。它們的形狀有一大部分是比較規整的，比如平面呈圓形、橢圓形、方形或長方形，剖面形狀有口小底大袋形的，有直筒形的，也有口大底小鍋底形的。這些比較規整的坑，在當時或者是作為儲藏食物的窖穴，或者是作為廁所，或者是製作器物的作坊，還有些就是當時的垃圾坑，是當時人為了製作肥料而挖掘的坑，傾倒日常生活垃圾使其發酵，最後再運送到田地裡當作肥料來肥沃土地。可能不規則形狀的坑大多是取土或作其他臨時用途而挖成的。它們廢棄以後，作為傾倒垃圾的坑，因此考古學上一般把它們統一稱作「灰坑」，就像人們取名字一樣，這只是個代號，至於它們具體的實際功能，需要透過分析研究來獲知。要想知道這些灰坑當時的實際功能和用途，除了透過其形狀和內部加工及其他附屬物來判斷外，最主要的是要透過對坑底的土質化驗分析，結合相關因素來確定其功能。我們知道，先秦已有廁所，但在田野考古工作中為什麼很少發現廁所，就是因為把它們都作為普通灰坑看待，而沒有進行深入的分析研究。此外，當時人們要生活就需要製作各種各樣的器物，這樣就必然要有製造器物的場所，這就是作坊。

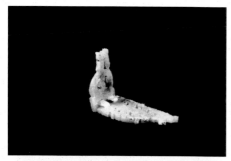

侯馬市西高祭祀遺址出土的東周龍形玉合頁

在曲村生活遺址中,作坊區位於 J6 和 J7 兩個區域,在這裡發現了燒製陶器的陶窯、製作青銅器的陶範、製作鐵器的鑄鐵,還有玉石器和骨器的作坊。共發現了八座陶窯,一種是饅頭式的半倒焰窯,一種是豎穴式的升焰窯,後者發現較多,是當時陶窯的主要流行樣式。製作青銅器的陶範都發現在 J7 區,年代大多為春秋早期,說明在春秋早期這裡可以鑄造青銅禮器、兵器和工具等等,春秋早期這裡應該還是當時晉國的中心,即晉國的都城翼。雖然在這裡僅發現三件鐵器殘片,但透過檢驗,它們屬於白口鐵和塊煉鐵,年代分別屬春秋早、中期,是中國現知最早的鑄鐵。當時人們使用的陶器有十多種,簡單來說,其功能有做飯、吃飯和喝水的三種,例如鬲和甗就是當時做飯的炊器,盆、豆、簋、鉢就是當時吃飯用的盛食器,罐、壺、杯等就是當時飲酒或喝水用的水器或酒器。在陶器之外還有生產生活和打仗(或打獵)用的器物,例如生產用的銅刀、銅錐、石刀、石斧、石鏟、石鐮、石錛、石鑿、石紡輪、陶紡輪、陶墊、骨鏟、骨錐、蚌刀、蚌鐮等,生活用的玉石玦、骨笄、骨匕、蚌泡等,打仗或打獵使用的銅鏃、骨鏃等等。當然這些發現只是當時遺存下來的極少的一部分。當時食物的來源有狩獵、採集、種植、畜牧、捕魚等等,食物種類有黍、稷、稻、粱、大豆等。

此外,在曲村遺址還發現了祭祀的燒坑,形狀為圓形筒狀,直壁平底,比較規整,大小差不多,壁和底經過高溫燒烤,底部都有一層炭灰,有的還有炭塊和獸骨,年代為西周早期,推測與祭祀上帝或昊天的燎祭有一定關

係，這是當時人們宗教信仰的遺存，代表了其精神生活的一部分內容。

貴族和平民居住及日常使用的器物是不同的，但目前還沒有發現貴族居住的宮殿遺址，他們使用的器物從墓葬的隨葬品中可見一斑。

晉國平民百姓的埋葬

晉國的老百姓死了以後埋葬在哪裡？他們能不能和國君埋葬在一個墓地？他們是不是夫妻並穴合葬？是不是同穴合葬？他們的墓葬中都放些什麼東西呢？他們的葬具和葬式又是怎樣的呢？這些問題在傳世的文獻上幾乎都沒有記載，但田野考古工作能給我們提供詳實而準確的答案。

目前發現的晉國早期的北趙晉侯墓地中，國君與嫡夫人單獨埋葬在一個墓地，其他的貴族與其家族埋葬在另外一個墓地，即曲村墓地。曲村墓地有很多個家族，貴族夫婦可以採用並穴合葬的方式，即兩個墓葬並列在一起，組成一對，俗稱對子墓，家族中的其他人則不採用對子墓的埋葬方式，而是部分男性的墓集中在一個小範圍內，部分女性的墓集中在一個小範圍內，形成一小堆男性墓葬和一小堆女性墓葬聚群的埋葬現象。這些墓葬都沒有墓道，也沒有陪葬的車馬坑，墓葬的規模也不大，所占的面積較小。所有墓葬都是豎穴式的，絕大多數墓壁自地表以下是向外傾斜的，即形成口小底大的樣式，也有一部分是直壁或墓壁向內斜的。這些平民的墓由於面積小，所以也就比貴族的墓葬要淺一些，埋葬時所用的棺材也薄一些，絕大部分墓葬沒有椁，單棺與墓坑的方向都是一致的，墓主絕大多數是單人仰面平躺在棺中，下肢伸直，雙手置於腹部，這種埋葬姿勢叫做仰身直肢葬式，也有一部分是側身的，或者是下肢彎曲的，但沒有發現趴著埋葬的，也就是我們所說的俯身葬。在這些平民的墓葬中，有少數墓葬沒有發現隨葬品，一般放置最多的是陶器，部分墓葬有漆木器或其他小件器物。這些隨葬品都放置在棺外，有的放在棺材的四周或棺蓋上，有的放在二層臺上。所謂二層臺，就是

棺或椁外與其高度大致相同的四周的土臺，由於椁板是在墓葬中組裝的，棺柩是整體下放埋葬的，在椁板外固定椁板需要填土，或在無椁的棺外填土形成一個二層土臺，一般在這個土臺面上放置一些隨葬物品，或有殉人、殉牲，表明在形成這個土臺的埋葬的過程中舉行過一些儀式，這個土臺子就叫做二層臺。棺內墓主身體周圍放置的東西一般都是斂屍的用品。

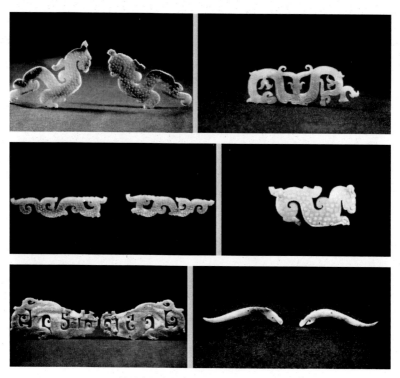

侯馬市西高祭祀遺址出土的東周玉龍

墓主死後到合棺以前要舉行小斂和大斂等各種儀式，這時要在墓主的口內、身上和身下、四周放置各種小件的器物，這些小物件與棺外埋葬的陶器等隨葬品各自代表著不同的含義。

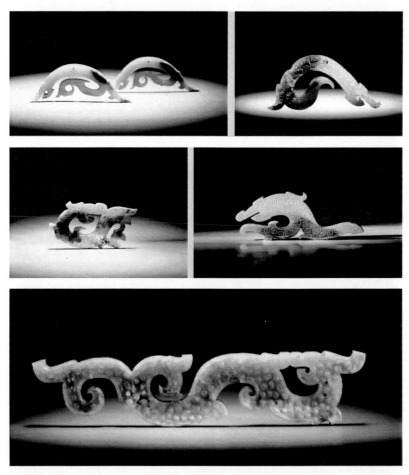

侯馬市西高祭祀遺址出土的東周玉龍

　　一般最少會隨葬一件陶鬲，陶鬲是日常生活中最主要的炊煮器物，在很多墓葬中只隨葬鬲一種陶器，最多的是鬲和罐的組合，也有盆、豆、簋、罐、壺等。埋葬這些器物無非是生者希望死者在另外一個世界中使用這些東西，生活得更好，即所謂的「事死如事生」。墓葬中隨葬器物的類別和器形不同，表示其風俗習慣上有一定差異，這種不同或者是時代早晚的差異，或者是族群的不同，這些需要進行具體的研究。

　　國都以外郊野居邑的平民墓葬，與都城的平民墓葬沒有明顯的差異，他

們同樣處於社會的下層，但野人的政治地位或者更低。一般來說，男性墓葬隨葬的陶器數量較少，女性墓葬隨葬的陶器數量較多，這是否與當時社會分工或女性的家庭角色有關，還需要進一步研究。周代是聚族而居、聚族而葬的時代，無論西周還是東周，無論貴族還是平民，都是以族為單位來居住生活和埋葬的，宗族之下又分家族。因此，他們的墓葬往往集中在一個大墓地中，晉國也不例外。平民墓葬中隨葬的銅器一般都是小件器物，銅器多放在棺內墓主身旁，也可能是殮葬的用品，但放置的兵器可能與墓主生前的身分有關，或者具有鎮壓避邪的意義。只是埋葬青銅兵器的墓葬數量並不多，而且很多兵器都是殘斷或彎曲的，這又是什麼特殊的意義呢？

有學者認為這是一種毀兵習俗，可能與信仰有關，應該是有一定道理的。

春秋時代，平民墓葬中還放置一些日常使用的陶器等簡單的隨葬品，但到了春秋末年，陶器的組合發生了一些變化，漸漸由日用陶器向仿銅陶禮器轉變，這說明原來等級森嚴的禮制慢慢走向了世俗，平民百姓也可以過一把隨葬禮器的癮了，所謂的「禮不下庶人」似乎成了一種過時的說法。不過平民百姓的墓葬中幾乎不見隨葬青銅禮器，隨葬的陶禮器似乎是作為銅禮器的象徵物，這也許是數百年來被壓抑的夢想和欲望的散發，但最終還只是一筆濃重的模仿，糊弄糊弄鬼，真正的意義，活著的人是心知肚明的，從這個意義上來說，這些隨葬品都是模型明器，是仿製品，是「造假」，也同時反映了春秋末年戰國時期人們對靈魂和鬼神觀念認知的轉變，或者說明他們在信仰上發生了變化。雖然春秋墓葬中隨葬的日用陶器也是明器，也是哄鬼的，但隨葬日用陶器與仿銅陶禮器最大的區別就是由世俗走向更虛假的世俗，造假騙鬼不能不說是活人的智慧。

與晉國聯姻的國族

　　這裡說的晉國，是指晉國國君家族而言，不包括晉國的其他貴族家族及平民。晉國的始祖唐叔虞是周武王的兒子，姬姓，據文獻記載，兩周時期同姓不婚，目前從北趙晉侯墓地墓葬中出土的青銅簋銘文可知，晉武侯的夫人可能是齊國的姜姓女子。晉穆侯娶齊姜，但北趙晉穆侯墓還有一座夫人的墓葬，其中出土了一對楊姞壺，因此有人說，楊姞是晉穆侯的次夫人，但這對楊姞壺的銘文是「楊姞作羞醴壺永寶用」。這位楊姞很可能是姞姓女子嫁於楊國國君之後的稱呼，後來這對壺透過某種方式流轉到晉國，作為穆侯夫人的隨葬品，因此穆侯的這位夫人的國族與姓不明晰。西周時期與晉國通婚的國族還有倗國，在絳縣橫水西周墓地發現有「伯晉生」的銘文，這個「生」就是「甥」，即這位倗伯是晉國的外甥，他的母親是晉國人，嫁到倗國，倗為媿姓。倗生簋中的「倗生」則可能是非姬姓晉國人，他的母親是倗國女子，他是倗國的外甥，倗、晉可能互婚。晉國和霸國之間可能也存在婚姻關係，在曲村墓地六一九五號這座女性墓葬中發現有霸伯簋，有學者說這位女子就是霸國的女子，霸伯的青銅器才會出現在這裡，但霸國的族姓目前尚不明確，我們推測是媿姓，但也有部分學者認為可能是姞姓。另外格伯作晉姬簋也說明晉國與霸（格）國通婚。顯然在西周時期，晉國也遵循同姓不婚的原則。

　　到了春秋時期，晉文侯的夫人也是齊國姜姓女子，傳世的晉姜鼎即是很好的例證。戎生編鐘證明晉國與戎族通婚。晉武公曾娶齊姜，晉獻公娶了賈國姬姓之女，又烝於他父親武公的小妾齊姜，還娶了大戎狐姬、小戎子、驪姬和驪姬的妹妹。其子晉惠公又烝於申生的夫人賈君，還娶過梁國嬴姓的女子。晉懷公在秦時曾娶懷嬴。晉文公納娶的女人較多，他在外流亡十九年期間，有狄女季隗，秦、齊等國還納給他女子，他還娶了周王室的女子，另外還有偪姞、杜祁等，一共十位夫人。

傳世的西周格伯作晉姬簋

傳世的西周格伯作晉姬簋銘文

晉襄公的夫人有秦穆嬴等。晉景公也曾娶齊國姜姓女子為妻，晉景公的姐姐嫁給了隗（媿）姓赤狄潞子嬰兒。晉悼公娶杞國姒姓女子為妻。晉平公時「內實有四姬」，其中一位姬姓女子來自衛國，他還納娶齊國的姜姓女子為妻。

所謂的「秦晉之好」，始於晉獻公的大女兒嫁給了秦穆公。晉國在西元前五五〇年的時候還曾嫁女到吳國，晉平公還把女兒嫁給楚國。此外，魯國嫁女於宋，晉國還陪嫁了女子為媵。近年發現的蘇公盤銘文顯示，春秋早期某位晉國國君還娶過蘇國改姓女子為妻。

由此我們可知，晉國至少曾與齊國、賈國、倗國、霸國、戎、狄、驪、梁國、秦國、偪國、杜國、杞國、蘇國、衛國、吳國、楚國、周王室等十幾個國族通婚。從春秋中期晉獻公時期起，晉國國君即開始大肆伐滅同姓，也開始納娶同姓女子，這種現象反映了春秋時期禮制和宗法制的鬆弛與衰落。當然這些聯姻的國族只是我們已知的極少的一部分，定然還有更多的國族我們目前還不知道。

總之，晉國當時的婚姻形態是以異姓聯姻為主，與齊、秦等大國長期存在互婚關係，同時因為晉國周圍「環以戎狄」，晉國與戎狄國家聯姻互婚也是常態。同姓聯姻雖然在春秋中晚期晉獻公、晉文公、晉平公時存在，但這

畢竟不是主流。至於以晚輩娶長輩的烝婚形態，或以長輩娶晚輩的報婚形態，在當時社會是合乎禮制與宗法的。晉國國君家族的婚姻形態大致反映了晉國當時上層社會的實際情況，一夫一妻多妾制下的男尊女卑、嫡貴庶賤是客觀存在的事實。至於普通平民百姓的婚姻狀況，還不甚清晰明了。

傳世的西周蘇公盤與蘇公盤銘文拓片

晉國兩周墓葬概說

　　晉國初封的時候範圍不大，據《史記 - 晉世家》記載，也就「方百里」，即長寬各百里，這在西周時已經算是大國了。當時晉國的人口有多少，難以準確估算，但據西周晉國墓葬的發現情況或者能有一個大概的估計，那麼當時晉國的墓葬情況怎麼樣呢？

　　目前在山西中部和北部地區還沒有發現西周墓葬，在晉南和晉東南卻發現了很多西周遺址和墓地，但大多不是晉國的墓地，例如近些年發掘的絳縣橫水西周墓地是史載失傳的倗國的墓地，翼城縣大河口西周墓地是史載失傳的霸國的墓地，黎城縣西關發現的西周墓地是黎國墓地，浮山縣橋北發現的商代末年和西周的墓地是先國的墓地，芮城縣柴澗西周墓地是魏國的墓地，河津市柴家鄉山王村西周墓地是耿國的墓地，洪洞縣永凝堡西周墓地可能是楊國的墓地，等等，這些都不是晉國的墓地，晉國西周時期的墓地目前可以確定的實際上只有天馬－曲村遺址的北趙晉侯墓地和曲村墓地，還有上馬墓地的一部分西周墓葬。從發現的這幾個晉國墓地來看，西周時期晉國國君家

族與其他貴族家族的墓地是分開的，他們不埋葬在一個墓地，晉國國君及其夫人埋葬在北趙晉侯墓地，位於曲村墓地以東大約八百公尺的地方，其他貴族及其家族的墓葬在曲村墓地。曲村墓地的範圍比較大，據北京大學鄒衡先生估計，墓地大約有超過兩萬座墓葬，當然這裡包括春秋和戰國時期的墓葬，即便如此，保守地估計，西周墓葬的數量也在一萬座以上，也就是說當時晉國國都天馬－曲村，可能在前後不到三百年的時間內至少生活過一萬多人，那麼在同一時期這個都城內大約生活著一千多人，相比於倗國、霸國都城同時期大約一二百人的規模，那可以算作是大都會了。北趙晉侯和夫人墓地的墓葬除了一○二號墓沒有墓道外，其餘十八座大型墓葬都有墓道，且大多數為一條墓道，位於墓室的南面。到了兩周之際的六十三號、九十三號墓葬，出現了南北兩條墓道的現象。曲村墓地的所有墓葬都沒有墓道，都是豎穴土坑墓葬。北趙晉侯墓地的晉侯和他的夫人的墓葬都是南北向長方形，除了九十一、九十二號一組兩座墓葬墓主人頭向南以外，其餘墓主人的頭向都朝北，而曲村墓地既有南北向長方形的墓葬，也有東西向長方形的墓葬，他們的頭向東、西、南、北四個方向都有，他們的族群較晉侯墓地要複雜得多。據研究，晉侯墓地的晉侯皆為周人的後裔，其夫人雖是異姓異族，但是她們的埋葬禮俗都隨其夫晉侯，也是南北向埋葬。曲村墓地則至少包括三群人的墓葬：一群是南北向的墓葬，頭向北的是周人的後裔，頭向南的墓葬較少，根據晉侯墓地九十一、九十二號墓主人頭向南推斷，這些人可能也是周人的後裔，或與周人血緣關係較近；一群是墓主頭向東的墓葬，這些人可能是本地唐人的後裔；還有一群墓主頭向西的墓葬，他們可能是媿姓的狄人，也就是文獻上所說的「懷姓九宗」。這些墓主由於族群不同，在墓葬的方向上表現得就不一樣，在墓地的埋葬位置上也區劃得比較清楚，東向、北向和西向幾個不同族群的墓葬各自有相對獨立的埋葬區域，儘管其間有少量犬牙交錯的現象，但總體上不相混雜，各自的分布範圍是比較明確的。

　　西周時期的上馬墓地也發現有墓主頭向北和頭向東兩個族群的墓葬，不

過都是一些小墓，沒有發現隨葬青銅禮器的西周貴族大墓。他們的埋葬也是依頭向不同大致分布在不同的區域，不相混雜。這兩個方向的墓群也屬於不同的族群，也是周人和本地唐人後裔的墓葬，與曲村墓地的情形大體一致，只是沒有發現頭向西的狄人的墓葬。那麼我們怎麼知道這些墓葬是屬於哪個族群的呢？首先，晉侯的墓葬是一個已知點，由此我們可知周人以頭向北為主。其次，絳縣橫水墓地的發現，確證那些頭向西的墓主是媿姓狄人，那麼大量存在的東向貴族及其家族的墓葬只能是當地的土著唐人了。根據文獻記載，周公滅唐，把一部分唐人遷徙到今陝西西安一帶的杜地，大部分唐人還留在故唐國，接受叔虞的統治。推斷這些東西向墓葬是唐人的墓葬，我們還有其他一些輔助證據，例如在晉南地區的洪洞縣永凝堡墓地和新絳縣馮古莊墓地等都發現有墓主頭向北和向東這兩種現象，另外在太原發現的春秋末年趙卿墓和在河南輝縣發現的范氏墓，他們的墓葬方向也是東西向，頭向朝東，他們是晉南地區土著趙氏和范氏的後裔，特別是范氏，文獻記載本來就是唐人後裔，他們一直沿用這種古老的埋葬習俗，因此我們推測本地的唐人在埋葬時使用頭向東的埋葬習俗。至於為什麼這些不同的族群使用不同的頭向來埋葬，為什麼他們使用這樣的頭向而不使用那樣的頭向，這些問題可能與其族群的意識形態或習俗相關，還需要更多的發現和深入研究才能解決。唐人和「懷姓九宗」雖然都屬於姬姓周人統治的對象，但唐人貴族和「懷姓九宗」狄人中的貴族的地位比較高，他們也屬於晉國統治集團的一部分。在曲村墓地發現的青銅禮器墓葬中，墓主大部分是頭向北和頭向東的，少部分是頭向西的，我們推斷這些頭向北的墓主是周人貴族的後裔，頭向東的墓主是唐人貴族的後裔，那些頭向西的墓主是媿姓狄人貴族，其家族中的其他人也是這樣，頭向東的墓主為唐人，頭向西的墓主為狄人。

西周墓葬中的貴族墓葬一般以放置青銅禮器為代表，顯示墓主人擁有較高的地位和財富。當然貴族墓葬中放置的玉器一般也比較多，其他器物比如骨、角、蚌、石器等相對也要比普通平民豐富一些，但陶器則不一定多，有

些高級貴族墓葬中不放置或只放置一件陶器，不過也有放置陶器較多的貴族墓葬。當時的青銅禮器屬於比較珍貴的器物，來之不易，又是反映禮制的載體，因此也只有貴族可以擁有，一般的庶民百姓是不能擁有和使用的，這就是所謂的「禮不下庶人」。在這些貴族中，也分三六九等，他們也有等級的差別，比如隨葬原始瓷器的墓葬，墓主一定是高級貴族，因為這種物品來自浙江一帶，物以稀為貴，只有高級貴族才可能擁有。一般來說，在同一個墓地或同一個國族中，墓葬中放置的青銅禮器，特別是銅鼎，數量越多，墓主的地位和等級就越高，反之，墓主的地位和等級就越低。到了西周晚期，晉國也出現了所謂的列鼎制度，根據墓主等級和地位的高低，放置五鼎、三鼎、二鼎或一鼎，多為奇數，與之相配的銅簋則一般為六件、四件、兩件或一件，多為偶數。

由北趙晉侯墓地的發掘可知，西周晚期的晉侯一般隨葬五鼎，與之相配的是六簋或四簋，晉侯夫人一般隨葬三鼎，與之相配的一般是四簋或二簋。曲村墓地的其他貴族隨葬的鼎數一般不超過三件，即便有隨葬四件鼎的墓葬，其圓鼎的數量最多也只有三件，也就是說，晉侯夫人與一般貴族中的級別最高者相當，其他隨葬兩件或一件銅鼎的貴族的地位就更低了。我們在曲村墓地發現男性貴族隨葬的青銅鼎一般都多於其夫人的鼎數，表明男性貴族的地位都高於其夫人，男尊女卑的觀念早已牢固。

特別值得注意的是，在西周時期出現了一夫一妻並穴合葬的對子墓，這種現象在商代還沒有被發現或確認，這可能是周人的一個創舉，或者與周人的宗法制度有一定的關係，而這種一夫一妻的對子墓僅僅見於貴族墓葬，從高級貴族到低級貴族都可以享有這種禮遇，只是在高級貴族中更流行一些而已，至於一般的平民百姓墓葬，則絕大多數沒有發現這樣的埋葬方式，僅僅有極個別成對的現象，也很難確定他們是夫妻關係還是兄弟、姊妹關係。普通平民百姓一般都採用同性聚小群的埋葬方式，就是在一個墓地中，墓主頭向不同的墓葬分布在不同的埋葬區域，在同一頭向的墓葬區域內，圍繞某一

貴族或某幾個貴族，男性墓葬和女性墓葬分別集中埋葬在一個更小的區域，也就是說，在貴族墓葬的周圍有若干個男性墓葬小群和女性墓葬小群。這是很有意思的一種現象，到了春秋時期的上馬墓地依然還是這樣。這說明了什麼問題呢？我們知道，兩周時期，貴族實行的是一夫一妻多妾制，而嫡長子繼承制必然導致嫡妻的地位比其他夫人的地位要高，只有嫡妻可以與夫君埋葬在一起，享有夫妻並穴合葬的權利，其他眾妾是不能享有這種禮遇的，她們或陪葬在男性墓主和嫡妻的周圍，或埋葬在其他地方。在北趙晉侯墓地僅發現了一位晉侯墓葬有兩座女性墓葬並穴合葬的現象，那就是西周末年的晉穆侯邦父六十四號墓與妻子六十二、六十三號墓，這三座墓葬東西並列埋葬在一起，說明晉穆侯有兩位妻子與他一起並穴合葬，推測其中一位妻子早亡，另一位可能是他續娶的繼室，也可能到西周末年嫡長子繼承制出現了危機，國君的愛妾可以與嫡妻享有同樣的禮遇，埋葬到國君家族的兆域。這種現象其實在與北趙晉侯墓地僅一河之隔的南邊羊舌晉侯墓地也有發現。

透過鑽探得知，在羊舌晉侯墓地發現兩組五座大墓，其中一組是兩座，一組是三座並穴合葬墓，那三座合葬墓雖然沒有發掘，推測可能也是一位晉侯與兩位妻子並穴合葬在一起，與北趙晉侯墓地的情況是一樣的。

這也說明西周末年以來禮樂制度的鬆弛與衰落，不像西周早中期那樣嚴格了。那麼普通平民百姓的男性與女性聚群埋葬的現象又說明了什麼問題呢？一種可能是當時一夫一妻的夫妻關係還不穩定，一種可能是同一家族的男性埋葬在一起、女性埋葬在一起，顯示了「男女有別」。總之，當時男尊女卑的觀念和現象是普遍存在的。

春秋時期的晉國墓地發現較少，羊舌晉侯墓地的晉侯和夫人墓葬依然流行兩條墓道，普通貴族和平民的墓葬都是土坑豎穴墓。上馬墓地發掘的春秋時期的墓葬顯示，墓主依然按族群來區分墓地的埋葬區域，不同頭向的墓葬大致分布在不同的墓區，上馬墓地春秋時期的貴族男女性墓葬，依然有並穴合葬的對子墓現象，普通平民很少有這種現象。東周時期，列鼎制度比較流行，到了春秋中晚期就已經出現了仿銅陶禮器，就是用陶器仿製青銅器的樣式來作為禮器使用，雖然貴族墓葬中依然使用青銅禮器，但一般的低級貴族和平民中的富人也使用仿銅陶禮器隨葬，體現了禮制管理的鬆弛和社會的發展變革。東周時期，特別是春秋晚期，不再像以前那樣

侯馬市西高祭祀遺址出土的東周玉人（背面）

侯馬市西高祭祀遺址出土的東周玉人（正面）

嚴格遵守禮制了，到了戰國時期，除了較高級的貴族以外，一般的平民都可以使用仿銅陶禮器來隨葬了，也就是說禮制不再是貴族擁有的專利了，「禮不下庶人」的時代基本上結束了，這個時期的禮製成為一種習俗，失去了其本來的含義。

位於侯馬晉國都城西南約十五公里處的柳泉墓地，東西長約五公里、南北寬約三公里，面積約十五平方公里，是晉都新絳時期的國君及其國人的家族墓地。目前已知有戰國早期多座大型墓葬，積石積炭，地面上有封土堆，符合高級貴族等級，墓主頭朝北埋葬，該墓地古代和當代多次嚴重被盜，僅一九七九年在這裡做過一點考古發掘工作。

晉國盟誓與祭祀

祭祀和盟誓似乎是差別很大的兩種行為，一種是拜祭天地、祖宗、山川、河流等神鬼，祈求福祐庇護的一種行為；一種是為了某種共同的目的，採取結盟的手段，向天地、祖宗、山川、河流等神鬼發誓，讓其作為見證者，監視、約束發誓者的一種行為。兩者有相同之處，比如祈求的對象都是鬼神，不同之處在於行為過程和目的不同。因此兩者在田野考古實踐工作中有時並不大好區分，就像晉國已發現的很多所謂的祭祀坑或祭祀遺址，有學者就認為它們是盟誓的遺存。

目前發現的西周時期晉國祭祀遺跡，都是豎坑遺跡，沒有發現祭壇一類的東西。這些坑都是南北方向長方形，一般在坑內都埋有一具動物遺骸，以羊最為多見，其次為牛，也有馬，還有少量用人作為犧牲品的。

有些坑中沒有發現動物遺骸，或許當時放置了肉或血一類的祭品。在這些豎坑中還放置玉器或石器，有些比較精緻，有些卻很粗糙。除了侯馬盟書所在的盟誓遺址以外，其他遺址豎坑中大多數玉石器上是沒有文字的，玉器或石器一般只埋藏一件或兩件，也有很多坑中沒有放置玉器或石器，有少量坑中既沒有發現動物骨骸，也沒有發現玉器或石器。值得注意的是，這些豎坑一般有兩個或三個排列成一組的現象，這說明它們可能是同時形成的遺存。

北趙晉侯墓地已發現有祭祀坑，比如見於西周晚期八號墓和六十四號墓的祭祀坑。在與北趙晉侯墓地相對的澮河南岸的羊舌墓地一號和二號大墓的南部也發現了大量豎坑，這些豎坑有打破墓道的現象，顯然年代上略晚於墓葬。這些豎坑中的犧牲有馬、牛、羊、狗和人，有些還埋藏有玉器或石器。墓主據推測是晉昭侯夫婦，但有人說昭侯以下多被殺害，怎麼能夠營建如此規模的大墓，如何有能力和時間悠閒地去祭祀呢？

侯馬晉國遺址出土的春秋晚期侯馬盟書

　　這種說法比較勉強，昭侯雖然被內奸大夫潘父所殺，未埋入北趙晉侯墓地兆域，但晉昭侯甚得國人愛護，也受到周天子和其他諸侯國的支持，他作為晉侯完全可以享有這種大墓的禮遇，晉國當時也有時間和能力營建此大墓，當時也有足夠的能力和時間來祭祀，六十七年內戰之初，就把晉國正宗翼一支想像得那麼軟弱無力，實在是不應該的。當然將這些祭祀坑理解為盟誓坑可能更順暢一些，但畢竟在這些坑中沒有發現盟書。至於有人將這兩座大墓主人說成是曲沃桓叔夫婦，就頗有些令人費解，曲沃桓叔並非國君，怎麼可以使用這種雙墓道大墓的禮制呢？他又怎麼可以埋葬到這裡呢？從一號墓殘存的玉器來看，特別是代表身分的大玉戈（圭）的出土，表明墓主非晉侯莫屬，可見沒有根據的臆測，距離史實只會越來越遠。

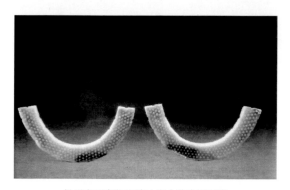

侯馬市西高祭祀遺址出土的東周玉璜

　　漢代文獻上記載「古不墓祭」，但晉侯墓地發現有祭祀坑，因此有學者認為文獻上的說法是錯誤的，西周時期晉侯墓地就存在墓祭習俗。

　　但也有研究者指出，這種所謂的祭祀坑，實際上都是盟誓的遺跡，應該稱為盟誓坑，而不是祭祀坑。無論是祭祀還是盟誓的遺跡，這些附屬於晉侯夫婦墓葬的大量坑穴是比較重要的發現，在以往發掘的西周墓地是非常罕見的。此外，在晉侯墓地多座墓葬的周圍還發現有陪葬墓，這些陪葬墓墓主大多為女性，可能是晉侯的其他夫人或妾。

　　晉國春秋中期的祭祀坑或盟誓遺跡至今尚沒有發現，到了春秋晚期和戰國早期，這些南北向長方形的祭祀或盟誓豎坑，在侯馬晉國遺址發現了很多，可舉的有西南張、西高、虒祁、牛村古城南二十一號、呈王古城西南、程王路建築基址、二水、中國銀行、開發區、侯馬電廠、電廠擴建區、煤灰製品廠、北西莊等等，至少有十三處遺址地點，沒有發現和發掘的祭祀坑還有很多。如此大規模的遺存到底是什麼性質的遺跡呢？侯馬盟書的性質十分明確，但盟書以外的豎坑，是與祭祀有關呢，還是與盟誓有關？按照文獻記載，東周時期「國之大事，在祀與戎」，當時的盟誓活動也十分頻繁，國與國之間的會盟活動很多，盟誓活動要有盟書，而且一式兩份，一份藏在盟府，一份埋入坎中，也就是這種豎穴土坑中。可是除了侯馬盟書外，在其他遺址極少發現帶文字的玉器或石器。據我所知，在侯馬電廠擴建區、虒祁遺

址曾發現過一兩件帶文字的玉石片，但其文字內容顯然與盟誓關係不大，因此，我傾向於這些沒有盟書的南北向長方形豎穴土坑是祭祀坑。那麼這麼多的祭祀坑都祭祀什麼呢？

侯馬市晉國遺址祭祀坑出土的鷹紋玉圭

在上古時代，人們對客觀世界的認知還極為有限，對於很多自然現象都難以理解，因此賦予它們人格，將它們視為有靈魂的神，如土地可以生長萬物，就想像有土地神，即社神，人食五穀才可以活命，於是想像有穀神，即稷神，稷就是小米，後來因為土地和穀物的依存關係，往往社稷連稱，因為農業在當時社會中的重要地位，往往以社稷代表國家。另外古人認為祖先有靈魂，因此要祭祀祖先，祖先的地位是很高的，在祭祀活動中占有很大的比重。這些只是舉其大者，像什麼火神、灶神等，實在太多。說到底，當時人們認為萬物有靈，因而創造了無數的神祇，這些神祇有些要經常祭祀，而且祭祀禮儀複雜。當然祭祀也有一定的規矩和範圍，不同的階層祭祀的對象和內容也不盡相同，如周禮規定天子祭天，諸侯祭祀封域內的名山大川等等。

根據文獻，結合考古發現的內容和位置等，我們推測侯馬西南張祭祀遺址可能與祭山有關；西高祭祀遺址與祭水神臺駘有關；虒祁祭祀遺址可能與

祭社神有關；牛村古城南 2 二十一號和程王路建築基址，這兩處遺址中既有建築夯土基址，又有豎坑祭祀遺跡，其年代相近，推斷它們存在著必然的聯繫，可能都是祭祀祖先宗廟的遺存；牛村古城南祭祀遺址或與建城之初祭祀宗廟有關；程王路祭祀遺址是晉國建國之後祭祀宗廟的遺址。晉國與諸侯國盟誓了很多次，也一定會留下很多盟誓的遺跡與遺物，河南溫縣發現的盟書就與侯馬盟書有很多相似之處，至於其他盟誓的遺存，那還需要考古工作者去不斷地發現和研究。

晉國的外交

晉國自叔虞初封，至西周時代結束，因文獻記載的缺失，我們對晉國的史事知之甚少。自唐叔虞始，晉國周圍就「環以戎狄」，當初晉國與戎狄之間的關係如何，我們並不完全清楚，以「疆以戎索」度之，或者是比較融洽的，不過從後來文獻的記述來看，也許並不安寧，時常打仗。上海博物館藏的西周中期的鼎，其中就有「晉侯令追於倗」的字句，有些學者認為這是晉國與倗國之間發生的戰事。這個倗國，我們現在知道它是一個狄人小國。唐叔虞時，有向周成王和周公晉獻嘉禾的故事，據《史記‧魯周公世家》記載，「天降祉福，唐叔得禾，異母同穎，獻之成王，成王命唐叔以饋周公於東土」，《尚書‧微子之命》也有相似的記載。從出土的青銅器來看，疏公簋顯示，叔虞的兒子燮父徙晉，是要聽受周王的冊命的，其中的銘文有「遣於王令唐伯侯於晉」的句子，這說明當時晉國等各諸侯國是受周天子嚴格掌控的，不僅作為侯伯要接受周王的冊命，就連遷都這樣的事情，也必須經過王的批准與授權。晉獻侯時的穌鐘顯示，晉獻侯曾參與了周天子討伐東國宿夷的戰爭，是一位聲名顯赫的國君。

晉穆侯時的條之役、千畝之戰這兩次戰爭，都是針對戎狄的戰爭，可見在西周晚期戎狄與晉國的關係還是相當緊張的，推想西周早中期也不會好到哪裡

去；到了春秋初年，晉文侯勤王，平王室之亂，使得晉國在王室和國際上獲得了極高的聲譽，晉文侯執政期間還伐滅了韓國；晉昭侯以下諸位國君與旁支曲沃打了六十七年內戰，雙方都得到過周王室的幫助，曲沃莊伯的時候，聯合鄭國人和邢國人討伐翼，周平王派尹氏和武氏相助，後來翼又得到周王室的多次幫助，其中虢國、芮國、梁國、荀國、董國和賈國等都奉王命幫助晉國正宗翼討伐曲沃，最後曲沃武公透過賄賂周釐王寶器等手段立為晉國國君。

侯馬市西高祭祀遺址出土的東周玉環

到了晉獻公時期，除了黃河以西的芮國和梁國外，曾經討伐過曲沃的這幾個國家都被相繼消滅了，晉獻公還兼併了很多戎狄小國，例如倗國、霸國和相國等，伐滅了很多同姓和異姓國家，如霍國、楊國、魏國、耿國和賈國等。春秋早中期敢於大肆兼併的諸侯國並不多，主要是齊、晉、楚、秦等國。晉國武公與獻公衝破傳統禮制的束縛搞擴張，光文獻有記載的被晉國兼併的國家就有十七個之多，其實際數量遠不止此，就像我們近年發現的倗國和霸國，在傳世的文獻中就沒有記載，「覆巢之下，安有完卵」，它們的最後結局肯定也是被晉國兼併了。晉獻公在擴張的同時曾嫁女給秦國，他又上烝於齊姜，即娶其小媽為妻，以結大國之好，可能也是為了加強團結、穩定政權的一種策略。

到驪姬之亂的時候，重耳奔狄，夷吾奔梁，都在黃河以西。三公子夷吾即位之前，利用晉國國內的大臣和秦國的武力，內外許願，為自己順利當上晉國國君鋪平了道路。但晉惠公夷吾成功之後，內外食言，不講誠信，導致韓原之戰受辱。在惠公被囚秦國靈臺期間，晉惠公的異母姐姐秦穆姬以死相

逼秦穆公,晉國大臣議定作爰田、作州兵的重大決策,積聚實力,以外交手段積極營救晉惠公。晉惠公執政期間還把陸渾戎遷到伊川,用以牽制秦國東進和楚國北上,作為晉國南疆的一道屏障。這一舉措也得到了戎人的高度讚賞,有後來戎子駒支的言辭為證:「昔秦人負恃其眾,貪於土地,逐我諸戎。惠公蠲其大德,謂我諸戎是四岳之裔冑也,毋是翦棄。賜我南鄙之田,狐狸所居,豺狼所嘷。我諸戎除翦其荊棘,驅其狐狸豺狼,以為先君不侵不叛之臣,至於今不貳。昔文公與秦伐鄭,秦人竊與鄭盟,而舍戍焉,於是乎有殽之師。晉御其上,戎亢其下,秦師不復,我諸戎實然。譬如捕鹿,晉人角之,諸戎掎之,與晉踣之,戎何以不免?自是以來,晉之百役,與我諸戎相繼於時,以從執政,猶殽志也。」說明晉國與伊川諸戎的關係密切。

晉文公重耳在外流亡十九年,到過齊、楚、秦幾個大國,也到過曹、衛、宋、鄭等小國,居留狄國多年,對於各國的情況有較全面的了解,而且與幾個大國都建立了很好的外交關係,加之他有一批良臣謀士,獻公和惠公又給他奠定了良好的國力基礎,因此,他即位之後抓住納襄王於周的大好時機,很快就稱霸諸侯。晉文公講信用而不出賣晉國利益。比如楚成王當時一再逼問:假如你將來當了晉國國君,如何報答我?重耳用兩國不幸在戰場上兵戎相見,晉國願「退避三舍」作答。這個回答不亢不卑,讓楚成王無可奈何;重耳又透過與秦國聯姻的方式取得秦君的信任,他得以順利即位;他在與楚軍城濮大戰中有理有節,大獲全勝,讓楚國君臣心悅誠服;他接管周襄王賜給他南陽之地時,用誠信感動當地土著;他即位以後報復流亡期間那些無禮的國家,使它們服服貼貼,因此晉文公在外交上是非常成功的。

晉襄公鞏固霸業,做的第一件事就是打敗秦國的殽之戰。戰爭也是一種外交手段,襄公時多次與秦交手,還數次打敗狄人;晉靈公時繼續與秦國戰鬥,而且平定周室內亂,扶立周匡王;到晉成公的時候,繼續與秦、楚和赤狄戰鬥,並將女兒嫁給赤狄君潞子嬰兒,這也許是當時晉國緩和與戎狄關係的一種策略。

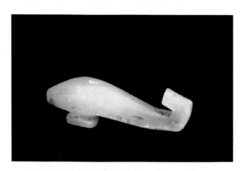

侯馬市西高祭祀遺址出土的東周玉帶鉤

　　晉景公的時候滅了晉東南等地的很多狄人部族，使得晉國疆土大大擴展。景公時晉國還利用來奔的楚國申公巫臣聯吳制楚，使楚國「疲於奔命」而無力北上，山西代縣出土的吳王夫差鑑和太原趙卿墓地出土的吳國器物等足以說明晉吳之間的交往關係。晉景公時與楚、秦和齊這幾個大國都有過戰爭。西元前五八九年，齊國表示要把紀國的甗送給晉國。

　　西元前五八一年，鄭國送晉國襄公之鐘。晉厲公時，秦晉夾河而盟，晉又派大臣呂相絕秦，他的〈呂相絕秦〉這篇外交辭令相當著名，成為後世外交的經典範文。厲公時期繼續與秦、楚大戰。晉悼公時魏絳和戎，為晉國的外交做出了重大貢獻，給晉悼公復霸諸侯提供了一個良好的國際環境基礎，此時晉國依然與秦、楚進行霸權戰爭。西元前五六二年，鄭國又納晉侯以鐘鎛。晉平公時，西元前五五四年，魯國把吳子壽夢鼎送給晉國。西元前五三五年，晉平公把莒國的方鼎賜給鄭國子產。

　　晉平公以後，晉國霸業逐漸衰落，但在外交方面，晉國君臣仍然表現出高超的智慧，周旋於大國與小國之間，透過戰爭、婚姻、會盟、聘問等形式與周王室和各國展開形式多樣的外交活動，著名的黃池之會就發生在晉定公時期。

晉國的樂器和樂師

　　周代是禮樂文明社會，禮制與禮器十分重要，樂器也相當重要。在原始社會的新石器時代晚期，就發明了樂器，像陶塤、石磬、銅鈴、陶鼓等等。商代出現了青銅鐃等樂器，但青銅鐘目前見到的最早的實物是西周早期偏晚的，這種樂器顯然是西周時人的發明，有很多學者認為鐘是由鐃發展演變而來的。就晉國來說，在曲沃縣北趙晉侯墓地發現了多套青銅編鐘，而且有石質樂器磬，正是所謂的金石之樂。這種現象在曲村墓地 —— 一般貴族的家族墓地 —— 就不一樣，曲村青銅禮器墓葬中有些隨葬青銅樂器，但絕不見石質樂器，在倗國和霸國的貴族墓葬中也沒有見到石質樂器，由此可見，西周時期墓葬中隨葬石質樂器，表明墓主人一定是特殊的身分，即高級貴族。襄汾縣的陶寺遺址墓葬中曾經發現過大石磬，那麼這座墓的主人的身分必定不是一般的貴族，而是這個地方的高級首領。北趙晉侯墓地的編鐘都見於西周晚期墓葬中，像著名的晉侯穌鐘，一共發現了十六件，可分兩組，每組八件，而且每組前兩件鐘與後六件鐘的紋飾不同。這套鐘鉦間的三百五十五個文字都是後刻上去的，記述了晉侯穌隨王東征討伐東國宿夷的故事，並記載了周王對晉侯穌的賞賜。這樁史實在傳世文獻中沒有記載，因此這套編鐘具有重要的史料價值。過去我們對晉獻侯知之甚少，透過考古發現，我們知道，晉獻侯陪葬了那麼大的車馬坑，他是一位很了不起的晉國國君。在晉穆侯的六十四號墓葬中發現了一套楚公逆鐘，一共八件，前六件鐘各有內容相同的一篇銘文，各有六十八個文字，內容記載楚公逆祭祀他的先高祖，製作了「錫鐘百肆」。最後的兩件鐘銘文與前六鐘不同，也不相連貫，其中有「晉」字，說明晉國至遲在西周晚期就與楚國有了直接的交往。這種交往在絳縣橫水墓地墓葬中也有發現。倗國墓地發現的楚公逆短劍說明在西周晚期楚國與倗國也有往來。在晉侯墓地的一座女性墓葬中也發現隨葬有銅鐘，這糾正了以往有學者認為青鐘樂器只見於男性高級貴族墓葬中的觀點。在絳縣

橫水墓地一號墓,即倗伯夫人畢姬墓中發現了一組三件編鐘,更加證實了女性貴族可以使用青銅樂器隨葬的事實。

到了春秋時期,青銅樂器和石質樂器的使用更加普遍,不僅高級貴族可以使用,一般的貴族也可以使用了。春秋時期,晉國最著名的樂器有春秋早期的戎生編鐘和春秋中期的子犯編鐘。戎生編鐘是北京保利藝術博物館從境外購回的一套編鐘。戎生的「生」就是「甥」,戎人的外甥簡稱戎生,他可能是晉國人。這種稱呼方式在古代比較常見,比如晉生、倗生、周生、齊生、瑀生等等,表明他的母親來自「生」字前面所稱的那個國族。戎生編鐘一組八件,它的重要價值在於其上有一篇一百五十四字的銘文,記載戎生追述其先祖在穆王和恭王時的功德,同時記述他「嘉遣鹵積,俾譖征繁陽,取厥吉金」(相似內容也見於晉姜鼎銘文,或者指的是同一事件),意思就是說,他出行繁陽,以鹽換青銅。這充分說明,春秋早期,晉國曾到南方獲取青銅資源。只可惜這套編鐘不知道是在哪裡出土的。春秋中期的子犯編鐘一套十件,現藏臺北故宮博物院,自香港購入,據傳出自山西聞喜縣,鐘上共鑄有銘文一百五十四字,記載的是子犯幫助晉文公復國,搏伐楚國,奠定王位,周王賜給子犯車馬衣冠,諸侯晉獻青銅給子犯,製作了這套編鐘。子犯編鐘的發現為晉國九原和故絳的地望指出了一個大概的位置,也說明文獻記載的子犯故事可信。

另外,據《左傳》記載,春秋中期「鄭人賂晉侯以師悝、師觸、師蠲,……歌鐘二肆,及其鎛磬,女樂二八」。魏絳和諸戎狄族群,晉悼公為了表彰魏絳,賜給他一套鐘磬,即所謂「晉侯以樂之半賜魏絳」。春秋晚期,智伯想攻打位於今山西盂縣一帶的仇由國,但仇由國土大多在山區,道路崎嶇狹窄,大部隊難以通行,智伯就派使者告訴仇由國君,說晉國要送給他一口大鐘。仇由國君聽了滿心歡喜。使者說這口大鐘要用大車才能運抵你們這兒,可是你們這兒道路太小,大車進不來,需要修一條大車通行的道路。仇由國君聽了以後說那不成問題。當時仇由國有大臣提出這種做法很危

險，但其國君貪婪晉國的大鐘，已經利令智昏，就認為大臣的忠諫是多慮了，欣然地為晉國運送大鐘修築了一條寬闊的坦途。路修好後，晉國的大鐘運送來了，晉國的軍隊也開進來了，一舉滅掉了仇由國，把仇由國君遷移到其他地方去了。這種用大車才能運送的大鐘究竟在現實生活中有沒有呢？在目前所見到的春秋戰國時期的晉國青銅鐘實物中還沒有發現，但是在當時的晉國都城（今山西侯馬市）鑄銅遺址中確實發現過大鐘的陶範，我們推測，用那樣的陶範鑄造的鐘的高度至少在一點五公尺以上，光鐘枚的範就有大到八公分以上的。在侯馬晉國鑄銅遺址發現的鐘的模範很多，說明在春秋晚期和戰國早期的晉國樂器中，青銅鐘的鑄造占有相當重要的地位，同時也說明當時晉國禮樂文化的發展程度很高。

傳世的戎生編鐘

鐘在墓葬中的發現有奇數的，如一件、三件、五件、七件、九件、十三件等，也有偶數的，如四件、六件、八件、十六件等等。西周中晚期和春秋晚期是隨葬編鐘的高峰時期，陝西、河南、山西、江蘇、山東、湖北、安徽等省發現較多，隨葬鐘的多少不僅與墓主的身分地位有關，更與墓主所處的時代有關。石磬在墓葬中的發現相對較少，西周時期只有高級貴族才能擁有石磬，北趙晉侯墓地只有晉侯才可以隨葬石磬，在其他貴族的墓葬中都沒有發現，像倗伯和霸伯這樣的小國國君，也沒有隨葬石磬。到了春秋時期，編

磬像編鐘一樣，普通貴族也可以隨葬了，上馬墓地、上郭墓地、程村墓地等墓地的貴族墓葬中就隨葬有編磬。

晉國不僅有發達的樂器，而且有著名的樂師，像晉悼公和晉平公時期的樂師師曠，不僅通曉樂器樂理，而且能夠將樂曲與國家的治亂興亡聯繫在一起，聽樂即可知國運興衰，這已經不是一般的音樂家了，堪稱音樂大師。這些膾炙人口的故事，使我們不得不佩服晉國文化的深厚底蘊。

 【晉國總論】

【結束語】

【結束語】

叔虞封唐於「河、汾之東，方百里」，地處晉南臨汾盆地。西周時晉國只是一個甸服偏侯小國，「啟以夏政，疆以戎索」的因地制宜的民族政策，為晉國日後的強大奠定了先天的族群基礎，透過諸位晉君的苦心經營，西周後期，晉國已彰顯出略為雄厚的國力，但總體來看，可以說西周是「規矩的西周」，而春秋則是「放肆的春秋」。春秋早期，「天子倒楣了」，禮制鬆弛，這一環境的大變化，為晉國的崛起和稱霸提供了「天時」。晉國小宗與大宗六十七年內戰，實際上是一場優勝劣汰的生存競爭，小宗優勝，晉武公和獻公憑藉個人卓越的才能，抓住了難得的歷史機遇，迅速大肆擴張，使晉國在短時間內由一個小國變成了大國和強國。晉國占據了晉南富庶的農業地區，到晉惠公時期進一步擴張，加上表裡山河的區位優勢，為晉國崛起和稱霸提供了「地利」。

晉文公（公子重耳）英年出亡，十九年的流亡考察經歷，領導智囊團的魅力和能力，施政治國、改革進取的魄力，為晉國的崛起和稱霸提供了「人和」。在具備天時、地利、人和的條件下，晉文公抓住歷史機遇，勤王、敗楚、會盟、定霸，晉國能不稱霸乎？霸業能不持久乎？但封建政體必然導致封建政體的惡果，公室和私家成為一對不可調和的矛盾，晉國卿大夫的專權，必然導致最後晉國自內部解體，直到韓、趙、魏三家分晉之後，三家依然位列戰國七雄，這是晉國和三晉強勁的脈搏。

晉國在晉南這塊適宜農業的沃土上起家，**轟轟**烈烈歷經六個半世紀，發生了許許多多可歌可泣的故事，有些故事我們現在能夠說清楚，甚至耳熟能詳，有些還說不清楚。歷史的塵埃堆積起豐厚的遺存，遺存就是一部地書，它需要考古工作者翻開地書來解讀。我們今天見到的這些文物就來自這部地書，它們只是其中的一小部分而已。歷史不是任人打扮的小女孩，我們需要真實的科學的物證。

晉國史目前還缺乏更多科學的物證，我們不得不依賴於傳世的文獻紀錄，但考古地書中的發現會越來越占有更重要的地位。六百多年的晉國史不

是這一本小書可以說清楚的，但你可以從這裡領略到晉國史的骨幹和真實，以便登堂入室，咀嚼精華。

晉國興衰六百年：

從一方諸侯到稱霸中原，晉國史詩磅礡鉅獻

作　　者：謝堯亭，秦豔蘭

發 行 人：黃振庭

出 版 者：崧燁文化事業有限公司

發 行 者：崧燁文化事業有限公司

E-mail：sonbookservice@gmail.com

粉 絲 頁：https://www.facebook.com/
　　　　　sonbookss/

網　　址：https://sonbook.net/

地　　址：台北市中正區重慶南路一段六十一號八
　　　　　樓 815 室

Rm. 815, 8F., No.61, Sec. 1, Chongqing S. Rd.,
Zhongzheng Dist., Taipei City 100, Taiwan

電　　話：(02)2370-3310

傳　　真：(02)2388-1990

印　　刷：京峯彩色印刷有限公司（京峰數位）

律師顧問：廣華律師事務所 張珮琦律師

定　　價：375 元

發行日期：2022 年 11 月第一版

◎本書以 POD 印製

國家圖書館出版品預行編目資料

晉國興衰六百年：從一方諸侯到
稱霸中原，晉國史詩磅礡鉅獻 / 謝
堯亭，秦豔蘭著 . -- 第一版 . -- 臺
北市：崧燁文化事業有限公司，
2022.11
　面；　公分
POD 版
ISBN 978-626-332-868-6(平裝)
1.CST: 春秋時代 2.CST: 西周史
3.CST: 晉國
621.654 111017085

電子書購買

臉書